KB117352

인디 워커

인디 워커

이제 나를 위해 일합니다

박승오, 홍승완 지음

일러두기
이 책은 국립국어원 외래어 표기법을 원칙으로 한다. 다만 〈콘텐츠〉의 경우, 저자들이 운영하는 1인 기업
〈컨텐츠랩 클루〉, 〈컨텐츠랩 심재〉 등은 고유명사로 보고 상호명대로 표기했다.

이 책은 실로 꿰매어 제본하는 정통적인 사철 방식으로 만들어졌습니다.
사철 방식으로 제본된 책은 오랫동안 보관해도 손상되지 않습니다.

저는 사색할 줄 압니다.
저는 기다릴 줄 알며,
단식할 줄 압니다.

헤르만 헤세, 『싯다르타』

천천히, 나를 위해 다지는 커리어

「모르겠어? 나는 당신처럼 혼자 갈 자신이 없어!」

아내가 울음을 터뜨렸다. 갑작스러운 일이었다. 대화는 끊겼고 아내는 얼굴을 감싸 쥐고 흐느꼈다. 나(승오)는 멍하니 식탁을 응시한 채 말을 삼켰다.

몇 달 전부터 아내는 오래 다닌 출판사를 그만 두고 싶어 했다. 회사가 멀어 매일 3시간을 출퇴근에 쓰다 보니 체력이 고갈되었다. 함께 일하던 직원과 사이가 좋지 않아 스트레스도 많았다. 회사에서는 아이들을 위한 동화책을 만들었지만 정작 집에서는 아이들에게 책을 읽어 주기조차 버거워 했다. 균형이 깨진 것이다. 아내는 무던한 성격이었지만 당시에는 툭하면 일에 대한 불평을 늘어놓기 일쑤였다. 내가 계획 없이 대기업 퇴사를 의논했을 때에도 아무런 반대를 하지 않던 사람이었다.

좀 참아 보라고 무심히 말을 던질 수는 없는 노릇이었다.

그러던 어느 날 밤, 아내는 잔을 비우며 단단히 결심한 듯 말했다. 연말이 되면 그만 두겠노라고, 일단은 쉬면서 자신이 무엇을 할 수 있는 사람인지 알아보고 싶다고, 무엇보다 동화를 직접 써보고 싶다고 했다. 나는 내심 기뻤다. 오랫동안 아내에게 〈남의 글 고쳐 주지만 말고 당신 자신의 글을 써봐〉라고 잔소리하던 터였다. 나는 찬성했고 지원을 아끼지 않겠다고 약속했다. 아내 쪽의 수입은 줄 테지만 내겐 돈보다 시간이 더 중요했다. 나도 프리랜서로 혼자 일하니 가족이 함께 보낼 시간은 훨씬 많아질 터였다. 아내는 회사를 그만두면 하고 싶은 일들을 뭉게뭉게 펼쳐 내기 시작했다. 우선 미뤄 왔던 가족 여행을 떠나자고 했다. 우리는 아이들의 방학에 맞춰 두 달간의 치앙마이 여행을 위해 비행기 표를 샀다. 술에 취했는지 꿈에 취했는지 그 밤 우리 부부는 인생을 새롭게 시작할 희망에 한껏 부풀었다.

그렇게 몇 달이 흘러 여행을 한 달 남긴 날, 퇴근한 아내가 맥없이 말을 꺼냈다.

「회사에 이야기했는데…… 육아 휴직 두 달만 하기로 했어.」

나는 화를 내고 말았다. 퇴사가 아닌 휴직이라니, 게다가 고작 두 달…… 이해하기 힘들었다. 나는 아내가 자신의 길을 갈 것이라 믿었다. 굴곡이야 있겠지만 그 과정에서 강해질 것이었다. 나는 체념하듯 물었다. 몇 년간 그렇게 힘들어하지 않았느냐고, 겨우 두 달 쉬고 복귀하면 이전처럼 불평하며 우울해하지 않을 자신 있느냐고. 거칠게 내뱉는 내 말을 아내는 나무처럼 듣고 있었다. 나는 설득했다. 당신은 아이의 시선으로 세상을 볼 줄 아는 좋은 작가야. 나보다 글을 잘 쓰니 좋아하는 동화책을 쓰며 얼마든지 먹고 살 수 있어, 그렇게 다독이듯 말했다. 그러자 둑이 터지듯 아내가 울음을 터뜨린 것이다.

「나는 당신처럼 혼자서 뭔가를 결정하고 해낼 자신이 없어. 내가 뭘 잘하는지조차 모르겠는걸. 10년을 넘게 일했는데 내가 아는 거라곤 이 일이 나랑 맞지 않는다는 것뿐이야. 그런데 어떡해? 여기서 내려놓으면 내 경력은? 나중에 회사로 영영 돌아가지 못하게 되면? 그러다 내 자신이 싫어지면? 나는 그렇게 강하지가 않아.」

먹먹했다. 그 말에 대응할 수 있는 언어가 없었다. 자신을 아끼기에 벼랑 끝으로 몰아세울 수가 없는 것이다. 마흔 살에 안전한 울타리를 떠날 수 있는 사람이 몇이나 될까. 아내의 항변은 정당했다. 내가 무리한 요구를 반복했음을 깨달았다. 바깥은 춥다. 옷을 단단히 갖춰 입으려는 사람에게 내복 차림으로 빨리 나가라고 재촉했던 것이다. 내게 그럴 자격은 없었다.

나는 성공적인 직장 생활을 하지 못했다. 14년간의 직장 생활은 실망과 도망의 연속이었다. 내 커리어에는 어떤 패턴이 있었다. KAIST라는 학벌을 보고 기대감을 가졌던 경영자들은 회사에 충성하지 않는 내게 실망했고 이내 냉소로 변했다. 몇 년 사이 달라진 대우를 보며 나 역시 회사에 실망하고 결국 도피하듯 이직하는 패턴의 반복이었다. 공학도에서 기업 교육 (HRD) 업무로 경력을 급격하게 바꾼 내 탓도 있었다. 그래서였을까. 나는 호기심의 대상이었을 뿐, 주목의 대상은 되지 못했다. 직장에서 나는 객체로서 변방을 떠돌았고, 중심부에서 승승장구하는 사람들을 평가 절하하면서도 내심 부러워하곤 했다.

그럼에도 한 가지는 놓지 않으려 했다. 나만의 교육 콘텐츠를 갖는 것이었다. 세 번을 이직했음에도 나는 직무를 바꾸지 않고 교육 업무를 계속했다. 회사에서 교육 과정 개발과 강의에서는 누구에게도 지지 않았다. 오랫동안 동경해 온 작가 구본형을 찾아가 제자가 되었고 문하에서 함께 공부하고 책을 썼다. 때로 회사 몰래 외부 강의를 다녀오기도 하고, 〈나침반 프로그램〉을 만들어 주말에는 젊은이들을 가르쳤다. 누가 시켜서 한 일이 아니었다. 무엇보다 나는 스승을 닮고 싶었다. 그처럼 작가가 되고 싶었다. 성공은 못 해도 내가 좋아하는 일과 함께 울고 웃으며 평생 밥벌이를 하고 싶었다. 직장을 다니며 6권의 책을 썼고 매년 300시간 이상 강의를 했다. 직장에서 나는 객체였지만, 내 세계에서는 주체였다.

그리고 몇 년 전 퇴직을 했다. 〈컨텐츠랩 클루Qlue〉라는 1인 기업을 만들고 스스로 대표가 되었다. 작은 숲이 보이는 책상에서 매일 읽고 쓰며 가끔 강의를 한다. 오전은 읽고 싶은 책과 쓰고 싶은 글로, 오후는 해야 하는 일들로 균형을 맞춘다. 6시면 퇴근해서 요리를 하고 아내를 맞이한다. 일 년 중 두 달은 아이들과 여행을 다니고, 그 영상들을 〈아이와 세계 한 달살이〉라는 유튜브 채널에 올린다. 무엇보다 웃음과 감동이 없는 하루를 보내지 않으려고 한다. 다행스럽게도 독립 첫해부터 내 수입은 마지막 직장의 연봉을 넘어섰다. 회사에서 만난 여러 인연들의 도움이 컸다. 그리고 좋아하는 일을 오랫동안 붙들면서 쌓은 나의 콘텐츠 덕분이었다.

얼마 전 아내가 말했다. 가수 박정현이 리메이크한 「My way」를 듣고 너무 좋았다고. 〈I did it my way(나는 내 방식대로 해냈다)〉라는 마지막 가사를 듣고 있노라니 당신 생각이 났다고. 늙어서 당신이 손주들에게 해줄 말 같아서 부러웠다고 했다. 고마웠다. 돌아보면 나의 자립은 아내의 따뜻한 지지 덕분이었다. 그런 아내의 힘든 마음을 나는 보듬지 못했다. 나는 자책했고, 그날 이후 아내의 커리어에 대해 어떤 조언도 하지 않았다.

경력을 뜻하는 영어 커리어career의 어원은 라틴어 carrus인데, 이것은 로마 시대 전속력으로 달리는 마차의 경주 트랙을 의미한다. 영화 「벤허」의 질주하는 이륜마차 경기를 떠올리면 커리어가 가리키는 바를 이해할 수 있다. 경쟁에서 이기기 위해 전속력으로 내달리며 장애물을 피하고 마차가 전복되지 않으려 애쓰는 과정이 곧 커리어다. 경력이라는 말 속에는 〈전속력〉과 〈경쟁〉이 내포되어 있다.

그래서일까? 우리는 지금껏 너무도 당연히 패스트 커리어fast career를 추구해 왔다. 많은 직장인들이 경쟁자들보다 빠르게 피라미드의 전망 좋은 곳까지 오르기 위해 전력 질주했다. 조직은 이런 야망 있는 직원들에게 확실히 보상함으로써 더욱 일에 몰두하게 했다. 과몰입의 결과는 탈진이었다. 〈워라밸〉이라는 유행어가 무색하게 직장인 10명 중 9명은 번아웃을 경험한다. 더 큰 문제는 퇴직 이후다. 경주마처럼 앞만 보고 죽을 등 살 등 달리다 보면 어느새 귀밑머리가 허옇다. 평생 시키는 일만 했으니 퇴직 후 할 수 있는 사업도 없다. 과연 빠르게 올라서는 것이 진정 성공한 커리어인가? 후회할 때는 이미 늦었을지도 모른다.

이제 〈커리어〉의 의미를 되짚어 볼 때다. 인간의 수명은 100세를 바라보지만 퇴직 연령은 높아지지 않았다. 코로나19 이후 대규모의 구조조정이 예고되어 있고 엎친 데 덮친 격으로 이제 인공 지능이 일자리를 잠식하고 디지털에 능한 밀레니얼 세대들이 치고 올라오고 있다. 운이 좋아 50세쯤 회사를 나온다 해도 이후 30년을 무슨 일을 할 것인가? 50세는 일을 그만두기엔 너무나 정력적인 나이다.

생각을 바꿔야 한다. 속도보다 중요한 것은 깊이다. 빠르게 올라서는 것보다 확실하게 실력을 다져서 회사 안에서든 밖에서든 자립할 수 있어야 한다. 다른 누구도 아닌 나를 위해 일해야 한다. 코로나19로 직업의 불확실성이 커진 이 상황에서 나를 보호할 수 있는 것은 오로지 탁월한 실력뿐이다. 회사 안에서 나를 위해 천천히 실력을 다지는 경력 관리, 곧 슬로 커리어 slow career가 필요한 시대다.

IMF를 기점으로 지난 20여 년간 회사가 직원을 대하는 방식은 사뭇 달라졌다. 구조조정은 상시화되었고 직원들은 언제든 대체 가능한 〈인적 자원human resource〉으로 전락했다. 이제는 당신이 직장을 대하는 방식을 달리해야 한다. 회사를 다니는 동안 직장에만 집중할 것이 아니라 자신만의 〈직업〉을 만들어야 한다. 직장에서의 성공이 아니라 내 직업에서 성공하기 위해 직장을 어떻게 활용할 수 있을지 진지하게 연구해야 한다. 어떤 직장도 나를 보호해 주지 않으며 탄탄한 직업만이 내 삶을 보호할 수 있다.

슬로 커리어는 자립적 직업인, 곧 인디 워커Indie Worker를 목표로 한다. 이는 회사를 그만두고 창업한 사람을 말하는 것이 아니다. 확실한 차별성을 갖춰 회사 안에서도 자립적인 전문가로 일하고 퇴직 후에도 독립적인 사업을 할 수 있다는 의미다.

패스트 커리어가 외적인 상승을 지향한다면, 슬로 커리어는 내적인 깊이를 추구한다. 그러려면 자기 이해는 필수적이다. 내가 원하는 것과 잘하는 방식을 현재 업무에 녹여 냄으로써 조직 안에서도 차별적 전문가로서 성장할 수 있다. 이때 직업은 생계 수단을 넘어 자기실현의 장이 된다.

나는 이런 이야기를 아내에게 해주고 싶었다. 그러나 또 상처를 줄 수는 없었다. 두 달간의 태국 북부 여행을 마치고 아내는 회사로 복귀했다. 여전히 바쁘고 힘들지만 〈그래도 여행 다녀오니 힘이 난다〉고 말하는 아내가 조금 안쓰러웠다. 언젠가 아내에게 말해 주고 싶었다. 작은 오솔길도 있다고, 처음에는 조금 어둡고 외로워 보이지만 몰입과 희열이 흐르는 작은 길이 있다고. 그러나 꾹 삼켰다. 대신에 나는 글쟁이로서 이 말들을 글로 쓰기로 결심했다. 잔소리 대신 진심 어린 글이라면 아내의 마음에 닿을 수 있을 것이다. 게다가 이 내용을 책으로 낸다면 비슷한 고민을 하는 직장인들에게 도움이 될 테니 책이 잘 팔려 인세가 왕창 들어올지도 모른다. 나는 당장 이 일을 하기로 했다.

모두가 경주용 트랙에서 미친 듯이 질주할 필요는 없다. 경주에 지쳤다면 트랙을 벗어나 자기 속도로 걸어도 괜찮다. 뒤처진다는 두려움에 사로잡히지 않고 차분히 준비한다면 자신만의 작은 길을 찾게 될 것이다. 조직 안에서든 밖에서든 천천히, 자기답게 다져 가는 커리어가 얼마든지 가능해진 시대이기 때문이다. 점점 늘어나는 인디 워커들이 이를 증명하고 있다. 이 책은 커리어에 대한 새로운 흐름과 사례를 담고 있다. 더불어 10년 가까이 슬로 커리어를 걸어온 나와 홍승완 작가의 실제 경험도 더했다. 우리의 진심이 아내와 그대 마음에 안착하기를 바란다. 그리하여 직업 안에서 천복bliss을 찾아 인디 워커로서 시간과 더불어 원숙해지기를 바란다. 나아가 슬로푸드가 각광받듯이 슬로 커리어 또한 하나의 건강한 사회 운동으로 자리 잡을 수 있다면 바랄 게 없겠다.

2021년 겨울, 박승오

차례

4 · 단식한다 — 두려움에서 깨달음으로

1

자립적 직업인의 시대

진로가 미로처럼 느껴질 때

바다를 보고 싶어 하는 산골 처녀가 있었다. 그녀는 바다로 가는 변변한 지도조차 구할 수 없어 망설였다. 그러던 어느 날 마침내 용기를 내어 집을 떠났다. 모험의 길에서 그녀는 여러 사람들을 만났다. 잠깐 쉬었다 가라고 권하는 사람도 있었고, 응원해 주는 이들도 있었으며, 바다까지는 너무 멀다며 만류하는 이들도 있었다.

그녀는 몹시 지친 상태로 큰 사거리에 도착했다. 여기서 길은 커다란 산을 앞에 두고 네 갈래로 갈라졌는데 어느 길이 바다로 향하는지 알 수 없었다. 그녀는 이 길, 저 길을 조금씩 가보았지만 확신할 수가 없어 매번 사거리로 되돌아왔다. 그러던 중에 그녀는 생계를 해결하기 위해 작은 마을로 가서 셔츠와 바지를 만들어 시장에 팔기 시작했고 이내 자리를 잡았다. 그럭저럭 괜찮은 날들이었지만 그녀의 마음에는 여전히 푸른 파도가 넘실 대고 있었다. 이따금씩 사거리를 찾아가 어느 길이 바다로 가는 길인지 고민하다 다시 마을로 돌아오기를 반복했다. 어렵사리 자리를 잡았는데 불확실한 미래에 모든 것을 걸 수는 없었던 것 이다.

시간이 흘러 그녀도 늙어 갔다. 어느덧 노인이 된 그녀는 죽 기 전에 네 갈래 길을 확인이라도 하고 싶은 마음에 앞을 가로 막은 높은 산을 오르기 시작했다. 하루 종일 걸려 겨우 산 정상 에 도착하니 사방이 훤히 내다보였다. 네 갈래의 길은 산의 좌 우로 갈라져 에둘러 뻗어 나가다가 넓은 평원 위에서 하나로 합 쳐졌다. 그리고 그 길 끝에 아득히 반짝이는 바다가 보였다. 한 숨이 터져 나왔다. 〈하나의 길을 골라 끝까지 갔었더라면…….〉 그러나 이제는 너무 늙어 긴 여행을 떠날 기력이 남아 있지 않 았다.

진로(進路)가 미로(迷路)처럼 느껴질 때가 있다. 어느 길로 가 야할지 가늠할 수 없어 제자리를 맴돌기도 하고 행여 막다른 길 을 만날까 봐 출발조차 못 한다. 높은 산에 가로막혀 앞을 볼 수 없어 노심초사하고, 길을 떠났다가도 불안감에 다시 되돌아오기 도 한다. 대다수의 직장인은 자신의 커리어에 확신이 없으며, 퇴 직 이후의 삶에 대해서는 더욱 불안해한다. 코로나19, 인공 지능,

100세 수명, 상시 구조조정 등 우리가 커다란 변혁의 시기를 살고 있기 때문이다.

그럼에도 소수지만 용기 있게 도전해서 출구를 찾은 인디 워커들도 있다. 직장 생활을 통해 고도의 전문성을 쌓고 퇴직 이후에도 자신만의 사업이나 브랜드로 승승장구한다. 직장 생활에서 승진이나 연봉보다는 일 자체에 초점을 맞추며, 잘하는 일을 탁월한 수준으로 끌어올리기 위해 실력을 갈고 닦는다. 이렇게 자기만의 차별적 전문성을 만들어 낸 이들은 하나같이 〈어느 길로 가든 위대함으로 가는 길은 있다〉고 조언한다. 하나의 길을 정해 끝까지 걸어가다 보면 넓은 바다를 만난다는 것이다.

모든 커리어가 미로maze는 아니다. 오히려 인디 워커들에게 직장 생활은 미궁labyrinth에 가깝다. 미로와 미궁은 구분 없이 쓰이지만 사실 그 목적이 확연히 다르다. 미로는 여러 길이 복잡하게 얽혀 있어 출구를 찾기 어렵지만, 미궁은 모든 길이 중심으로 수렴했다가 나오도록 되어 있어 어느 길로 가든 출구로 나올 수 있다. 미로는 출구를 은폐함으로써 길을 헤매도록 만든 장치인 반면, 미궁은 천천히 에둘러 감으로써 정신을 새롭게 고양하는 구조다. 한마디로 미로가 방황의 상징이라면 미궁은 재생의 상징이다.

세계 각지에서 이를 확인할 수 있다. 프랑스 사르트르 대성

그림 1. 전형적인 미로(왼쪽)와 미궁(오른쪽)

당에 들어간 사람은 지름 13미터의 커다란 미궁을 통과해야 재
단으로 갈 수 있다. 여기에는 미궁을 걸으며 스스로를 성찰하
고 참회하며 중심에 도달하고, 거기서부터 영적으로 새로운 존
재가 되어 돌아 나온다는 의미가 담겨 있다. 미국 존스홉킨스
대학교의 메디컬 센터는 붉은 바닥에 흰 벽돌로 미궁을 만들었
는데 환자와 보호자, 그리고 의료진은 마치 명상하듯 이 길을
천천히 걷는다. 사람들은 미궁을 거닐며 희망과 치유의 경험을
한다. 모든 미궁은 중심을 향하는 나선형의 구조인데, 영어에
서 나선spiral과 영혼spirit의 어원이 같은 것은 우연이 아니다.
우리 영혼은 미궁을 통과해야 새롭고 진정한 나에 이를 수
있다.

커리어 또한 그렇다. 진로가 미로가 아닌 미궁이 되려면, 속도를 늦추고 중심을 향해 에둘러 갈 필요가 있다. 모든 탁월함에는 시간이 걸린다. 인디 워커는 천천히, 자기답게 잠재력을 실현함으로써 직장이라는 단단한 껍질을 벗어나 자립한다. 느리게 가는 달팽이가 나선형의 껍데기를 등에 지고 살아가듯 우리에게도 자신의 커리어라는 미궁이 있다. 어느 길로 가더라도 탁월함에 이를 수 있음을 믿고 나를 부르는 길 하나를 선택해 끝까지 가야 한다.

고대 그리스의 영웅 테세우스는 크레타 왕국의 미궁 속에 살며 제물로 바쳐진 젊은 남녀를 먹어치우는 반인반수(半人半獸)의 괴물 미노타우로스를 물리치고 아테네의 부흥을 이끈다. 테세우스가 미궁으로 들어가기 전에 크레타의 공주 아리아드네는 실타래를 주었고 이 도움으로 미궁을 빠져나올 수 있었다. 그런데 미궁 안의 모든 길이 중심을 향한다면 테세우스에게 굳이 실타래가 필요했을까?

그럼에도 필요했다. 왜냐하면 테세우스는 그곳이 미궁인지 미로인지 알 수 없었다. 살아 돌아온 사람이 없었기 때문이다. 게다가 나선형의 미궁을 걷다 보면 중심을 향해 가까워졌다 멀어졌다를 반복하기에 마치 제자리걸음을 하는 듯 느껴진다. 이 때문에 미궁 속의 사람은 길을 잃었다는 착각을 하게 된다. 테세우스는 자신이 걷는 길이 미로가 아닌 미궁임을 확인하기 위

그림 2. 존스홉킨스 대학교 메디컬 센터의 미궁

해 실타래가 필요했다.

인디 워커가 되려는 사람도 이와 같다. 기대감을 가지고 직장에 들어가지만 그 안은 미로처럼 느껴진다. 업무는 버겁고 관계는 얽히며 일 자체가 보람 없이 느껴지곤 한다. 때로 몇 년째 같은 일을 반복하는 자신을 보며 길을 잃었다고 느낄 수도 있고, 잡힐 듯 잡히지 않는 성과에 위축되기도 할 것이다. 그러니 당신에게도 아리아드네의 실이 필요하다. 이 책이 그 실타래가 되어 줄 것이다. 우리는 아리아드네가 테세우스에게 실타래를 전하는 마음으로 이 책을 썼다.

그러나 당신은 사실 미궁에서는 그 실이 필요 없음을 이해해야 한다. 미로 같은 공간이지만 자신의 길을 찾아 충실히 걷다 보면 어느 순간 이 길의 끝에 푸른 바다가 놓여 있음을 깨닫게 될 것이다. 그리고 비로소 그때 실타래가 불필요해지듯 이 책도 손에서 놓게 될 것이다. 그것이 이 책의 진정한 목적이다.

두 사람의 커리어는 왜 달라졌을까?

「앞으로의 진로에 대해 의논하고 싶어서요…….」

몇 해 전 진로 고민으로 각기 나(승오)를 찾아온 두 직장인이 있었다. 두 사람은 나이와 경력이 비슷했다. 모두 30대 초반이었고, L전자와 S전자의 연구소에서 연구원으로 5~6년째 일하고 있었다. 둘 다 기업교육(HRD) 쪽의 일에 관심이 있어 직무 변경을 원했는데, 그 동기는 조금 달랐다. A는 자신의 일이 〈보람이 없다. 혼자 틀어박혀 연구하기보다는 사람들의 성장을 돕는 일을 하고 싶다〉고 했다. B는 지금 하는 일이 싫지는 않지만 〈사람들과 관계 맺고 소통하는 일을 더 잘할 수 있을 것 같다〉고 했다. 나 역시 공학을 전공했지만 HRD로 진로를 바꿨기에 그들의 고민이 이해가 갔다. 이야기를 다 듣고서 몇 권의 책을 추천해 주며 지금의 일에서 재능을 살려 해볼 수 있는 일들, 예컨대 사내 강의나 지도 선배 같은 걸 맡아서 해보라고 조언해 주었다.

그리고 이듬해 연초가 되자 두 사람은 사내에서 직무 전환을 통해 인사팀으로 이동했음을 각각 알려 왔다. 불과 몇 달의 시간차를 두고 흥분과 기대에 찬 목소리가 전화기를 타고 흘렀다. 축하를 전하면서 동시에 작가로서의 호기심으로 두 사람을 지켜보게 되었다. 과연 이들의 진로는 어떻게 펼쳐질까?

진로의 핵심은 자기 이해

시간이 흘러 나 또한 대기업 연수원으로 이직했고, 사내 교육 담당자들의 콘퍼런스에서 우연히 A를 만났다. 반가운 마음에 인사를 나누며 〈참 잘됐다〉고 운을 뗐다. 그런데 그의 낯빛이 어두워 보였다. 커피 잔을 홀짝이던 그가 중얼거리듯 말했다.

「교육 부서에서 일한 지 1년 반 정도 되었는데, 솔직히······ 잘 모르겠어요. 사람들 만나는 건 보람 있는데 만져지는 성과가 없는 것 같아요. 대학에서 공부했던 걸 썩히는 것 같기도 하고요. 요새는 내가 여기서 뭘 하고 있나 싶어요.」

보람은 있는데 뒤처지는 것 같다니, 의외였다. 〈보람 있는 일〉을 하고 싶어 옮긴다고 하지 않았던가? 몇 개월 뒤, 그가 그토록 탈출하고 싶어 했던 예전의 연구소로 다시 돌아갔다는 소식을 전해 들었다. 2년을 채우지 못하고 보람 없다던 일로 복귀한 것이다. 반면 B의 소식 역시 동료를 통해 가끔씩 들을 수 있었는데, 그 역시 부서 이동을 했다. 그러나 그가 원했던 교육이 아닌 인사관리 업무를 맡게 되었다. 같은 인사팀 안에서도 교육(HRD)과 인사관리(HRM)는 기본 철학과 접근 방식이 많이 다르다. 나는 그가 새로운 업무에 적응하는 데 힘들어하리라 예상했다.

예상대로였다. 인사관리 중에서도 해외 인력 채용을 담당했던 그는 이전 부서와는 완전히 다른 업무와 용어, 성과에 대한 압박감, 인사 특유의 보수적인 문화에 적잖이 힘들어했다. 그럼에도 자신이 잘할 수 있는 역할을 찾고자 했다. 대규모 채용 설명회에서 발표를 자청해서 맡았고, 해외 인재를 찾아 개별적으로 설득하기도 했다. 그리고 2년 후 교육 업무를 하고 싶다는 요청이 받아들여져 지금은 직원들의 직무 교육을 담당하며 사내 강사로도 활동하고 있다. 「보람 있어서 좋아요, 이 일은!」 그가 말했다. A에게서 들을 줄 알았던 〈보람〉이란 말을 B에게서 들으니 어리둥절했다.

몇 년간 이들의 궤적을 근거리에서 살펴보면서 궁금했다. 둘의 진로는 왜 그렇게 달라졌을까? A는 희망 직무를 맡았음에도 왜 그리 빨리 되돌아갔을까? B는 녹록치 않은 상황에서도 어떻게 일을 즐길 수 있었을까? 이제는 그 차이를 알 것 같다. A는 보람을 원했지만, 자신이 무엇에 보람을 느끼는지 알지 못했다. 어쩌면 그가 원했던 보람은, 만져지는 성과나 성취감이었을지도 모른다. 그는 자신이 원하는 일이 무엇인지 몰랐고, 다만 자신이 싫어하는 일(=지금 하고 있는 일)만 알고 있었다. 반면 B는 자신이 좋아하는 일이 무엇인지 알고 있었고, 어떤 직무에서건 자기 강점을 활용하면서 성장할 기회를 보았다. 일의 보람은 결과로 따라왔다. A와 B의 진로는 자신이 원하고 잘하는 것에 대한 분명한 통찰에서 갈렸다. 결국 〈자기 이해〉가 진로의 향방을 결정한 것이다.

표류하는 직장인들

많은 직장인들이 지금 하고 있는 일이 자신과 맞지 않는다며 불만을 토로한다. 그런데 가만 보면 자신이 잘할 수 있는 역할을 찾거나 부족함을 채우려고 노력하기보다는 그 일이 자신과 안 맞다고 불평하는 데 에너지를 소모한다. 새로운 탈출구를 찾아 이직을 하기도 하지만, A의 경우처럼 막연히 찾은 새로운 일이 자신에게 적합할 리 만무하다. 매년 여러 채용 전문 업체에서 집계하는 통계는 이직자 10명 중 6명이 이직을 후회한다는 점을 일관되게 보여 준다. 특히 그중 4명은 입사 3개월 내 조기 퇴사한다. 퇴사 사유에 대해 10명 중 6명은 업무 내용 때문이라고 답했고, 이는 대인 관계 문제가 원인인 경우보다 훨씬 높다. 실제 업무가 본인이 생각했던 내용과 많이 달랐던 것이다.

그뿐인가. 신입 사원의 퇴사율 또한 몇 년째 고공행진 중이다. 기업들이 밝힌 최근 몇 년간 신입 사원 평균 퇴사율은 49퍼센트다. 바늘구멍을 뚫고 입사한 신입 사원 둘 중 하나가 1년 안에 나간다는 말이니 결코 가볍게 볼 일이 아니다. 〈취업 전에는 직장에 못 들어가서 안달하고, 직장에 들어가면 못 나가서 안달한다〉는 말이 허투루 들리지 않는다. 퇴사하는 이유는 연봉이나 상사에 대한 불만보다 업무에 대한 불만이 단연 높다. 20대들 사이에서는 〈취업 끝, 퇴사 준비 시작!〉이라거나 〈퇴준생〉이라는 자조 섞인 농담까지 나오는 실정이다.

아이러니하게도 회사에 들어가지 못한 취준생보다 회사에 다니는 재직자들의 불안이 더 크다. 왜일까? 적어도 취준생들에게는 희망이 있다. 지금은 힘들지만 이 터널 끝에 출구가 있으리라는 기대가 크다. 그러나 재직자들은 직장 생활 이후의 전망이 쉬이 그려지지 않는다. 새로운 일을 시작하기에도 너무 늦은 나이다. 희망이 보이지 않을 때 일상은 활력을 잃는다. 단테가 『신곡』에서 묘사한 지옥의 문 입구에는 〈여기에 들어오는 자, 모든 희망을 버릴지니〉라고 적혀 있다. 희망이 없는 곳이 지옥이다.

직장을 다닐 때 나(승완)를 가장 우울하게 했던 노래는 〈일요

일이 다 가는 소리 / 아쉬움이 쌓이는 소리 / 내 마음 무거워지는 소리〉라는 가사로 시작되는 노래였다. 실제로 심장마비가 가장 많이 발병하는 요일은 월요일이다. 월요일 아침에 기대감으로 출근하는 직장인이 과연 몇이나 될까? 회사에 갓 들어갔건 몇 년을 다녔건, 또 몇 번을 옮겼건 대다수의 직장인은 자신의 직무에 만족하지 못한 채 미래를 두려워하고 있다. 그들 대부분이 지금 하고 있는 일이 비전은 흐릿하고 보람은 적고 보상도 신통치 않아서 떠나고 싶어 한다. 그렇게 수많은 직장인이 표류하고 있다.

그러나 현재에 대한 불만은 잘만 쓰면 〈변화의 절실함〉을 스스로에게 설득하기에 좋은 재료다. 궁즉통(窮則通), 어려워야 비로소 지금 변화할 수 있는 절실한 힘을 갖는다. 다만 이 절실함은 방향을 가지고 있지 않다. 방향을 가질 때에만 힘은 유용한 원동력이 된다. 힘에 방향성을 실어 주는 것이 바로 〈나〉이다. 〈나는 어떤 사람인가?〉 하는 자기 이해가 선행되어야 하는 이유다.

진로 고민의 귀결점, 〈나는 누구인가?〉

청소년 시절, 우리가 진로를 정하기 위해 가장 먼저 질문한 것은 〈무슨 직업(what)을 가질까?〉였다. 우리에겐 너무나 많은 선택지들이 놓여 있다. 그리고 너무 많은 선택권은 자유가 아닌 혼란과 무기력을 초래한다. 이른바 〈선택의 역설〉이다. 우리는 몇 천 개나 되는 직업에 대해 제대로 알 수가 없다. 그러다 보니 자연스레 부모와 교사, 선배 등 주변 사람의 말과 언론을 통해 접하는 사회적 유행에 휘둘린다. 가령 〈앞으로는 변리사가 괜찮다던데……〉라는 식의 단편적 정보로 후보 직업을 정하곤 한다. 이어 그 직업을 얻는 방법(How), 어느 대학, 어떤 학과를 가서 무슨 자격증을 따야 하는지 고민한다.(그림 3 참조)

이런 방식의 맹점은 내면에서 출발하지 않았다는 것이다. 외부에서 주입된 꿈은 열정을 주지 못한다. 일에 어느 정도 익숙해지고 나면 서서히 〈왜(why)〉라는 질문이 고개를 든다. 열심

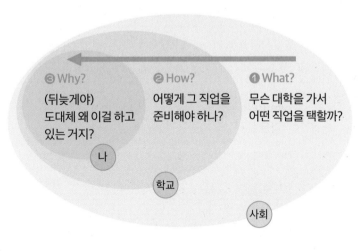

그림 3. 외부에서 출발하는 진로 고민

히 노력해서 원했던 변리사가 되었다고 해도, 몇 년이 흐르면 〈내가 왜 이 일을 하고 있는 거지? 나랑 잘 맞지도 않는데〉라며 절레절레 고개를 흔든다. 많은 직장인들이 〈369 법칙(입사 후 매 3년마다 반복되는 퇴사 고민)〉을 말하는 것도 같은 맥락이다. 이런 공허감의 원인은 본질적인 질문을 하지 않았다는 데 있다.

우리는 거꾸로 질문해야 한다. 〈What〉에 대해 질문하기 전에 먼저 〈Why〉에서 시작해야 한다. 왜 나는 그 일에 끌리는지, 왜 그 사람처럼 되고 싶은지를 묻는 과정에서 나라는 존재가 서서히 드러난다. 모든 진로 탐색은 바로 그 〈나〉에서 출발해야

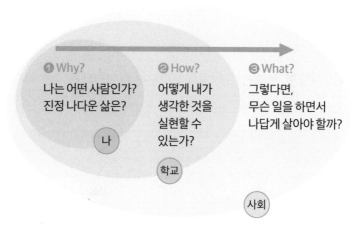

● Why?
나는 어떤 사람인가?
진정 나다운 삶은?

나

❷ How?
어떻게 내가
생각한 것을
실현할 수
있는가?

학교

❸ What?
그렇다면,
무슨 일을 하면서
나답게 살아야 할까?

사회

그림 4. 내면에서 출발하는 진로 고민

한다.(그림 4 참조) 중요한 질문이 외부가 아닌 내면 깊은 곳에서 움틀 때 비로소 우리는 튼튼한 뿌리를 내리고 성장할 수 있다. 대한민국 직장인들이 표류하는 결정적인 이유는 내면에 뿌리 내리지 않은 채 유동하는 외부에 시선을 두고 있기 때문이다.

표면적으로는 케바케case by case인 무수한 진로 고민들은 본질적으로 결국 〈나는 누구인가?〉라는 하나의 질문으로 귀결된다. 진로 고민의 본질은 내가 진정 무엇을 잘하고 원하는지 모른다는 데 있다. 나를 찾아왔던 A와 B의 커리어는 바로 이 〈나〉에서 갈렸다.

과학사가 토머스 쿤의 말처럼 어떤 대답을 얻는가는 어떤 질문을 했는가에 달려 있다. 새로운 삶에는 새로운 질문이 필요하다. 〈나는 누구인가?〉, 〈진정 나다운 삶이란 무엇인가?〉 이 질문을 스스로에게 던지고, 그 답을 탐구해 나가는 과정에서 우리는 새롭게 거듭날 수 있다. 이 책을 통해 〈나〉를 질문해 보라. 릴케가 말했듯이 질문을 사랑하며 품고 살아가다 보면 언젠가 그 질문의 해답 속에 있는 자신을 발견할 것이다.

새로운 미래가 온다

1872년 미국 서머스카운티의 탤컷에서 터널을 뚫는 공사가 한창이었다. 당시 증기 기관의 발달로 각종 작업에 사용하는 기계들이 발명되었는데, 그중 하나가 증기 드릴이었다. 탤컷의 터널 공사에 증기 드릴이 도입되자 노동자들이 반발했다. 노동자들은 기계가 인간을 대체한다는 걸 받아들일 수 없었다. 전설처럼 전해지는 이야기에 따르면 당시 이 공사장에서 가장 힘이 센 노동자였던 존 헨리는 증기 드릴과 대결을 벌이기로 마음먹는다. 기계보다 인간이 더 강하다는 걸 확실하게 증명하고 싶었기 때문이다.

산을 앞에 두고 기계와 인간의 대결이 시작되었다. 둘 중 누가 먼저 터널을 뚫고 반대편으로 나오는지 이목이 집중되었다. 증기 굴착기는 오른쪽에서 존 헨리는 왼쪽에서 작업을 시작했다.

처음에는 기계가 앞서 나갔다. 그러나 헨리는 기운을 내어 따라 붙었다. 시합 내내 양편으로 무수히 튀는 돌조각들처럼 기계와 인간은 각축전을 벌였다. 꼬박 24시간이 걸린 터널 뚫기 대결에서 존 헨리는 간발의 차로 승리를 거뒀다. 동료들은 환호성을 질렀다. 하지만 기쁨도 잠시 그는 곧 탈진하여 쓰러졌고 다음 날 숨을 거두고 말았다. 휴식 없이 너무 무리해서 힘을 쏟은 탓이었다. 이 일은 산업 시대의 도래라는 거대한 변화의 단면을 보여주는 이야기로 널리 퍼져 나갔다. 이후 인간의 육체가 담당했던 일들의 상당 부분을 기계가 빠르게 대체해 나갔다. 이후 인간은 노동을 육체에서 지식으로 이동했다. 그렇게 블루칼라의 시대는 저물고 화이트칼라의 시대의 문이 열렸다.

인공 지능과 4차 산업혁명

지금, 존 헨리의 이야기와 똑같은 대결이 다시 벌어지고 있다. 기계와의 힘겨루기는 이제 인간의 지적 영역으로까지 확대되었다. 20세기 최고의 체스 챔피언이었던 게리 카스파로프는 1997년 IBM의 슈퍼컴퓨터 〈딥 블루〉에게 패했다. 2011년엔 컴퓨터 〈왓슨〉이 퀴즈쇼의 최다 우승자 켄 제닝스를 꺾었다. 그리고 구글의 알파고는 세계 바둑의 최강자 이세돌과 커제 등에게 연이어 승리했다. 바둑은 경우의 수가 지구의 원자 개수보다 많아서 인간 지성의 마지막 영역으로 여겨졌지만 더 이상은 아니게 되었다. 이세돌은 2019년 37세의 나이로 은퇴를 선언했는데 보통 바둑 기사의 경력 정점이 40대라는 점에서 매우 이례적인 일이었다. 그는 최근 한 TV 예능에서 〈알파고가 이른 은퇴에 영향을 미친 것은 맞다〉고 인정했다. 바야흐로 기계가 인간의 물리적 힘뿐만 아니라 사고를 대신할 수 있는 시대로 접어든 것이다. 미래에 인공 지능이 빼앗아 갈 인간의 자리는 어디일까?

다행스러운 것은 인공 지능이 인간의 모든 지성에 위협적인 건 아니라는 점이다. 아직까지 인공 지능은 주로 이성과 논리의 영역에서 위력을 발휘한다. 체스와 바둑, 퀴즈쇼가 모두 논리적 사고를 주로 다루는 좌뇌의 게임이라는 점에 주목할 필요가 있다. 반대로 감정과 상징의 영역인 우뇌는 컴퓨터가 쉽게 점유하지 못하고 있다. 이 때문에 인간의 노동이 뇌의 왼쪽에서 오른쪽 영역으로 이동하게 되리라는 점은 의심할 여지가 없다. 일례로 세계적인 미래학자 대니얼 핑크는 미래 사회를 이끌 키워드로 디자인design, 스토리story, 조화symphony, 공감empathy, 놀이play, 의미meaning를 꼽았는데, 이 6가지는 모두 우뇌의 영역에 해당한다. 앞으로의 시대는 인공 지능이 쉽사리 흉내 내기 힘든 창조성의 시대로 이동할 것이다.

그런데 이러한 창조성은 직업 안에서만 발휘되는 게 아니다. 새 시대는 직업조차 창조의 대상이다. 인공 지능에 의해 많은 직업이 대체되거나 사라지겠지만, 또한 많은 직업이 새롭게 창조될 것이다. 정보 기술의 눈부신 발전 덕분에 〈맞춤 직업〉을 설계할 수 있는 여건이 형성되고 있기 때문이다. 소비자의 욕구도 점점 더 분화되면서 그에 맞춰 수많은 틈새시장이 조성되고 있다. 비단 유튜브 크리에이터나 앱 개발자 같은 IT 분야뿐 아니라 수제 맥주 전문가, 애완동물 행동 교정사, 다이어트 프로그래머, 농촌 관광 플래너 등 최근에 새롭게 등장한 직업 사례는 매우 많다.

기업에서도 전통적인 직무 구분을 넘어선 새로운 역할들이 속속 등장하고 있다. 직급 체계의 단순화나 태스크포스팀(TFT)의 상시 운영, 애자일Agile 조직 등의 정책을 통해 보다 개별적인 인사 관리가 가능해지고 있다. 직원들의 커리어 패스(CDP)에도 큰 변화가 생겼는데, 대표적인 예가 〈전문가 트랙〉의 추가다. 전통적으로 임원이 되기 위해서 사업가(경영 일반)나 부문장(펑션 리더)이 되어야 했다면 이제는 한 분야의 전문가(기술 임원)로서 높은 자리에 올라갈 수 있게 되었다. 임원급의 대우를 받는 〈마스터〉나 〈전문 위원〉 등으로 불리는 이 직책은 조직 관리에 대한 책임이 덜한 대신 전문 분야 연구에 몰두한다.

이런 사례들은 충분히 전문적이기만 하다면 자신을 직업이라는 틀에 끼워 맞추는 대신 직업을 자신에 맞게 재단할 수 있는 시대가 되었음을 가리킨다. 세계적인 경영 사상가 찰스 핸

디는 〈우리에게는 인간이 경험한 이래 최초로 인생을 일에 맞추는 대신, 인생에 맞춘 일을 창출할 기회가 생겼다〉고 강조한다. 그렇다면 커리어 전략 역시 창조적이어야 하지 않을까?

수명 연장과 상시 구조조정

평균 수명의 증대는 메가 트렌드다. 수명 연장은 인간의 모든 영역에 영향을 미치고 있다. 인간의 수명은 지난 200년에 걸쳐 10년마다 2년 이상 꾸준히 증가했으며, 의학 기술의 발달로 적어도 앞으로 몇십 년 동안은 그 속도가 계속 빨라질 것이다. 이제 100세 인생은 현실이 되었다. 의학 전문지 『랜싯The Lancet』에 실린 한 논문에 따르면 선진국에서 2000년 이후에 태어난 사람은 절반 이상이 백 살 넘게 살게 된다. 지금(2020년) 시점에서 40세인 사람이 95세 이상 살 가능성도 절반에 달한다. 이 추세라면 지금의 20대가 사회의 중추적인 역할을 하는 2040년경에는 평균 수명이 100세를 넘어설 수도 있다.

수명 연장과 더불어 조기 퇴직의 트렌드는 앞으로 더욱 가속화될 전망이다. 1998년 IMF 외환 위기 이후 우리 사회는 상시 구조조정의 시대로 접어들었다. 한 조사에 따르면 국내 대기업의 50대 임직원 비율은 5퍼센트가 안 되며, 대졸 신입 사원이 임원이 될 확률은 1000명 중 5명에 불과하다. 사실상 임원이 되지 못한 50대는 썰물처럼 밀려나야 한다는 말이다. 직장인이라면 통계를 볼 것도 없이 본인 주변만 살펴봐도 이 점을 확인할 수 있을 것이다.

얼마나 오래 사는가는 얼마나 오래 일해야 하는가와 직결된다. 기성세대는 대학을 졸업하면 30년간을 직장에서 돈을 벌수 있었다. 퇴사하면 퇴직금으로 작은 가게 하나를 차려 자식들을 결혼시키고 노후를 보내는 것이 보편적인 라이프 사이클이었다. 이제는 상황이 많이 달라졌다. 2020년 현재 직장인의 평균 퇴직(자발적 퇴사이든 해고이든) 연령은 49세다. 당신이 만약 49세 이상의 직장인이라면 운이 좋은 것이다.

49세를 전후로 직장 생활에 마침표를 찍으면 이후 살아갈 날들이 거의 살아 온 날들만큼 남아 있다. 직장을 나온 후 40~50년

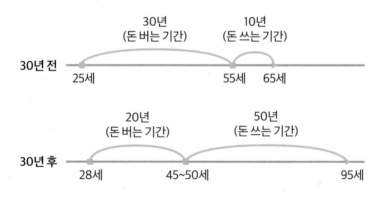

그림 5. 직장인 재직 기간과 평균 수명의 변화 추세

이라는 세월을 어떻게 살아야 할까? 분명한 건 국가에서 제공하는 복지나 연금은 터무니없는 수준이고, 웬만한 저축으로도 버티기 힘들다는 사실이다. 퇴사 후 확실한 직업이 없다면 힘겨운 시절이 될 게 불 보듯 뻔하다. 수명 연장과 조기 퇴직의 트렌드는 직장의 의미를 완전히 바꾸어 놓을 것이다. 이제 직장 생활은 인생 전체 중 〈한때〉를 머무는 곳으로 자리매김하고 있다.

이제 우리는 퇴직 후에도 30년은 더 일하는 〈50년 커리어〉 인생을 준비해야 한다.

네트워크의 경제, 연결의 시장

10살 때부터 기타 연주를 시작한 정성하는 2006년부터 유튜브에 연주 영상을 올리며 기타 신동으로 불리기 시작했다. 그는 한국인 최초로 유튜브 채널 영상 1억 뷰를 돌파한 주인공이 되었다. 문재인 대통령이 청와대의 모든 직원에게 선물해 화제가 된 책 『90년생이 온다』는 카카오의 글쓰기 플랫폼인 〈브런치〉에 연재한 「9급 공무원 세대」가 그 출발점이었다. 평범한 직장인이었던 임홍택은 어느새 100쇄 넘게 찍은 베스트셀러 작가가 되었다. 〈난 그저 국숫집 아들일 뿐인데〉라는 생각으로 필명을 〈보통〉으로 지은 웹툰 작가 김보통은 대기업을 나와 백수로 지내다 우연히 트위터에 올린 몇 장의 그림을 계기로 데뷔

했다. 확실한 전문성이 있으면 네트워크는 이를 손쉽게 시장에 연결해 준다.

일부 사람들에게 국한된 이야기일까? 그렇지 않다. 요즘 구직자들은 원티드Wanted나 링크드인LinkedIn이나 잡코리아, 사람인 등과 같은 네트워크 서비스를 통해 취업과 이직을 모색한다. 재능 공유 플랫폼인 크몽kmong을 통해 1억 이상 거래한 판매자는 2018년까지 100여 명에 이르며 이곳의 판매자 중 90퍼센트는 투잡맨이다. 영화나 연극 등을 만들고자 하는 지망생들은 크라우드 펀딩을 통해 자금을 이전보다 비교적 쉽게 끌어모을 수 있다. 지금도 많은 작가 지망생들이 〈브런치〉를 자신의 재능을 시험할 무대로 활용하고 있으며, 창업이나 프리랜서를 꿈꾸는 이들은 숨고soomgo, 탈잉taling 등의 플랫폼을 통해 자신의 콘텐츠를 홍보한다.

인터넷과 스마트폰이라는 인류의 발명품은 역으로 인류 전체의 삶을 변화시키고 있다. 새로운 연결의 경제는 개인을 시장과 연결해 주고 있다. 꾸준히 노력하여 차별적 전문성을 쌓은 개인은 그야말로 시장을 〈골라 먹는 재미〉를 누릴 수도 있다. 단, 여기에는 한 가지 조건이 충족되어야 한다. 자신이 좋아하고 잘하는 것을 발견하여 제대로 활용할 수 있어야 한다는 점이다. 성공한 유튜버를 인터뷰한 책 『유튜브 젊은 부자들』에 따르면 거의 모든 성공한 유튜버들은 자신의 성공 비결로 자신이 가장 좋아하고 잘하는 주제를 선정했기 때문이라고 말했다.

유망 직종은 없다

지금까지 살펴본 미래의 트렌드들이 커리어에 미칠 영향은 무엇일까? 조직 안에서 일하며 높은 자리에 빨리 오르는 것이 보장된 성공이 아님은 명백하다. 개인의 재능보다 조직에의 충성이 중요하던 시대는 지나갔다. 조직을 위해 자신의 개성을 숨기고, 하고 싶은 걸 억누른 채 한낱 부속품에 머무는 시대는 저물고 있다. 이제는 〈나〉를 발굴하고 직업을 창조하여 네트워크를 통해 직접 판매하며 살아갈 수 있는 시대가 열렸다. 그리고 20년의 직장 생활은 시장에 판매할 전문성을 심화할 수 있는 수련장이 될 수 있다.

〈평생 직업〉을 강조하지만 사실 평생 직업도 점점 현실과 동떨어진 개념이 되고 있다. 하나의 직업으로 40대에 정점을 찍고 내리막을 걷는 종 모양의 곡선은 이제 낡은 모델이 되었다. 경영학자 타마라 에릭슨은 미래의 커리어 경로로 편종형 곡선을 제시한다. 〈편종carillon〉은 연속된 여러 개의 종을 말하는 것으로, 그림 6 오른쪽 곡선처럼 현재 직업의 정점이 오기 전에 다음번 직업을 준비하는 방식으로 여러 번 직업을 전환하는 것을 의미한다. 이것은 인디 워커가 지향하는 커리어이기도 하다.

자신의 전문성을 다른 분야와 결합하여 진화시키고, 스스로

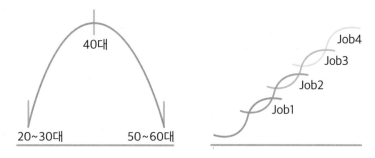

그림 6. 전통적 경력 곡선(왼쪽)과 미래형 경력 곡선(오른쪽)

커리어를 개척해 나가는 능력이 관건이다. 인디 워커에게는 직장 경력이 아니라 직업 경력이 핵심이다. 〈나를 고용하라. 왜냐하면 나는 이 분야의 차별적 전문가이기 때문이다. 그러나 당신 기업이 나를 고용하지 않아도 괜찮다. 나를 필요로 하는 또 다른 시장이 있기 때문이다. 행여 다른 사람이 나를 고용하지 않아도 좋다. 왜냐하면 나는 자립할 수 있기 때문이다. 내가 곧 직업이다.〉 인디 워커는 이렇게 생각한다.

인디 워커가 되는 선결 조건은 〈나〉를 아는 데 있다. 여전히 주목받는 트렌드와 유망 직종들이 있지만, 그 어느 때보다 길어진 100년 인생에서 트렌드는 몇 번이나 바뀔 것이다. 유망 직종이 아니라 유행 직종이 있을 뿐이다. 앞으로는 유행 직종보다 자기 이해가 중요한 기준이 될 것이다. 좋아하는 일에 몰입하고, 그 일과 희로애락을 같이하는 사람들이 세상의 중심에 서고 있다.

　다른 사람이 다 깨달은 다음에야 비로소 알아차리는 사람은 영리하지 못하다. 그러나 정말 바보는, 알고도 못 하는 사람들이다. 미래는 변하고 있다. 그리고 시대를 막론하고 미래는 자신을 깊이 활용하는 사람들에 의해 창조되어 왔다.

코로나 이후, 직장인이 맞이할 변화

2020년 한 전염병이 세계를 휩쓸었다. 바이러스의 형태가 왕관의 돌기 모양과 유사해서 왕관을 뜻하는 스페인어 〈코로나corona〉가 붙었다. 사스, 신종 플루, 메르스와는 비교할 수 없을 정도로 강한 전파력에 치명률도 높아서 의학자들은 이 병을 14세기 유럽을 초토화시킨 흑사병(페스트)에 비견한다. 물론 인류는 이 괴질과의 전쟁에서 승리할 것이다. 그러나 역사가 증명하듯 이 과정에서 인류의 삶은 크게 바뀔 것이며, 삶의 변화와 함께 사회와 경제적 변화도 피할 수 없을 것이다.

흑사병은 정치와 경제뿐 아니라 유럽 사회 전반을 크게 바꿔놓았다. 이를테면 인구의 급격한 감소로 인해 노동 인구가 줄어들면서 지주 계급이 몰락하고 봉건주의가 무너졌다. 전염병을 피하기 위해 사람들이 만남을 기피하면서 공동체 의식이 약해지는 대신 개인주의는 강해졌으며, 언제든 죽을 수 있음을 안 생존자들이 금욕과 절약을 내던지고 세속적 욕망을 탐닉함에 따라 패션과 음주를 위시한 상업 활동이 활발해졌다. 그렇다면 코로나 이후의 세계는 어떻게 달라질까?

근무 형태의 유연화와 대량 실업

우선 많은 미래학자들이 지적하듯 코로나가 바꾼 것은 흐름의 방향이 아닌 〈속도〉다. 코로나는 없던 흐름을 만들어 냈다기보다는, 이전부터 존재하던 트렌드의 속도를 훨씬 빨라지게 하고 있다. 언택트 기술의 비중이 큰 4차 산업혁명은 〈코로나 특수〉를 누리고 있다. 나중에야 세상에 나올 것으로 예측했던 기술들이 속속 상용화되고 있는 것이다. 더불어 인공 지능이 인간의 일자리를 대체하는 속도 역시 빨라지고, 네트워크를 통한 〈연결의 경제〉 역시 유례없이 확장될 것이다. 코로나로 많은 사상자가 생김에 따라 인간의 수명은 일시적으로 줄지 모르지만, 장기적으로는 의료 및 제약 분야가 급성장함에 따라 인간 수명의 증가 속도 역시 이전보다 빨라질 전망이다.

경제는 급성장하는 분야와 폭락하는 분야로 나뉘는 〈K자형 양극화〉가 진행되고 있다. 의료, 제약, 유통, 전자상거래, 원격 산업 등은 성장하는 반면, 대면 서비스와 해외 여행 등의 분야는 워낙 크게 상처를 입어서 회복하는 데 상당한 시간이 필요할 것이다. 개인의 소득 역시 서비스업, 영세 중소기업, 자영업에 주로 종사하는 이들, 그중에서도 하위층의 소득은 더 낮아질 수밖에 없어 양극화를 피할 수 없을 것이다.

흑사병이 봉건주의를 해체하고 공화정의 시대를 열었던 것처럼 새로운 정치 체제가 등장하리라고 예측하는 이들도 적지 않다. 이것은 코로나19의 원인이 인간의 욕망을 끊임없이 자극하는 자본주의 때문이라는 반성에 기반한다. 자본주의는 그냥 풀어 놓으면 인간을 잡아먹는 야수가 된다는 의미의 〈야수 자본주의〉는 역사의 뒤안길로 사라지고 새로운 체제가 등장하게 될지도 모른다. 그만큼 현재 시점에서 코로나는 가공할 만한 위력을 떨치고 있다.

그런데 포스트 코로나 시대에서 우리가 꼭 이해해야 할 점은 거시적 전망보다는 우리 개인의 직업에 대한 미시적 예측이다. 코로나 팬데믹 이후 직장인들의 삶은 어떻게 달라질 것인가? 그리고 우리는 무엇을 준비해야 할까?

무엇보다 근무 형태가 유연해질 것이다. 재택 근무를 위한 기술적 환경은 코로나 이전에 이미 구축되어 있었지만 기업들이 적극적으로 도입하지 않았다. 그러나 이제는 진지하게 받아들일 수밖에 없는 상황이 되었다. 많은 전문가들이 코로나 이후에도 치명적인 전염병의 습격이 잦아진다고 예측하고 있기 때문이다. 게다가 생활 방식은 한 번 바뀌어서 익숙해지면 변화가 끝나더라도 계속해서 이어지는 속성이 있기 때문이다.

물론 모든 직종에 재택 근무가 가능한 것은 아니며, 재택 근무의 효과성에 대한 논쟁 역시 진행 중이다. 하지만 많은 직장인들이 재택 근무를 해도 업무에 큰 지장이 없음을 알게 되었으며, 나아가 비용과 만족도 측면에서도 장점이 많음을 실감했다. 일례로 SK텔레콤이 직원을 대상으로 설문 조사한 결과 재택 근무에 대해 〈평소와 비슷하거나 더 효율적〉이라는 답변이 63.7퍼센트였다. 불필요한 회의가 줄고 업무에 집중할 수 있었다는 의견도 많다. OECD 1위를 달리는 출퇴근 시간(수도권 평균 1시간 55분)이 재택 근무로 사라지면 삶의 만족도는 크게 높아질 것이다.

기업 입장에서도 재택 근무는 장점이 많다. 임대료와 유지비 등 여러 비용을 아낄 수 있다. 직원들의 만족도가 높아져 이직률이 낮아지고, 〈워라밸〉을 중시하는 밀레니얼 세대들에게도 매력적인 기업이 될 수 있다. 실제로 2020년 상반기 〈일하고 싶은 기업〉에는 SK와 카카오 등 코로나 이후 공격적으로 재택 근무를 도입한 기업이 높은 순위로 올라갔다. 게다가 지리적 한계를 벗어나 전국의 인재들을 끌어모을 수 있고 육아와 일을 병행해야 하는 우수 인력을 고용할 수도 있다.

직원도 원하고 회사도 이익이라면 도입하지 않을 이유가 없다. 일찌감치 재택 근무를 도입한 트위터의 CEO 잭 도시는 직원들에게 〈원한다면 무기한 재택 근무를 해도 된다〉고 발표했으며, 페이스북의 마크 저커버그 역시 〈10년 안에 전 직원의 절반이 원격 재택 근무를 하게 될 것〉이라고 말했다. 재택 근무의 확산세는 앞으로도 계속될 것이다. 아울러 물리적 거리는 심리적 거리로 이어지게 마련이다. 재택 근무의 확산은 사람들의 직장에 대한 충성도를 느슨하게 하는 동시에 보다 다양한 고용 형태를 제공할 것이다.

코로나로 인한 또 하나의 큰 변화는, 안타깝게도 대량 실업은 피할 수 없다는 점이다. 이미 많은 사람들이 일자리를 잃었다. 국내에서 2020년 11월 기준 실업 급여를 받은 사람은 60만 명으로 전년 대비 1.5배에 달한다. 그나마 9월부터 코로나가 다소 진정되어 떨어진 수치다. 게다가 이는 고용보험 가입자를 대상으로 한 통계로 자영업자와 프리랜서, 특수고용직 종사자 등은 빠져 있다는 점에서 실제 고용 충격은 훨씬 더 크다. 미국의 경우는 더 심각해서 2020년 7월 기준 신규 실업자가 전체 노동 인구의 20퍼센트를 넘는 4000만 명에 육박한다. 5명 중 1명이 코로나로 인해 직장을 잃었다는 말이다. 코로나로 인한 실업과 고용 불안정성은 앞으로 더욱 커질 전망이다. 이런 상황에서 〈설마 회사가 날 자르겠어?〉라는 생각은 위험하다. 회사를 믿기보다는 스스로 대안을 마련해 두어야 한다. 많은 회사들 역시 초유의 사태에서 헤매고 있으며 매출이 급감하면 직원부터 줄이려 들 게 뻔하다.

많은 미래학자들은 인류가 코로나로 인해 미증유(未曾有)의 사태에 처했으며, 코로나 이후의 경제는 가늠조차 하기 어렵다고 말한다. IMF나 금융 위기 등 이전의 경제 불황은 구조가 멀쩡히 있는 상태에서 몇 가지가 바뀌었던 반면 코로나 이후 경제는 수요와 공급, 소비의 구조가 모두 엄청난 타격을 받고 있기 때문이다. 이런 〈깜깜이 미래〉를 대하는 최적의 방법은 〈결단〉이다. 피터 드러커는 〈미래를 예측하는 최선의 방법은 미래를 창조하는 것〉이라 말한 바 있다. 확실한 전문성을 쌓아 미래를 스스로 개척해야 한다. 전문성이 중요한 이유는, 세상이 어떻게 달라지건 결국 내가 제일 잘하는 것으로 승부를 내야 하기 때문이다.

밀레니얼 세대의 조직 점령

많은 이들이 간과하고 있는 또 하나의 큰 흐름은 밀레니얼 세대다. 1980년대 초반부터 2000년대 초반까지 출생한 세대인 이들은 많게는 30대 후반의 나이로, 이미 임직원 비율의 절반 이상을 차지하고 있다. 앞으로 4~5년 후면 직장인의 70퍼센트 이상이 밀레니얼 세대가 될 것이며, 기업의 문화 역시 이들이 중요하게 여기는 가치 중심으로 재편될 것이다.

이 세대의 가장 큰 특징은 워라밸과 일의 재미를 중시하며,

디지털에 강하다는 점이다. 실제로 밀레니얼 직장인을 대상으로 좋은 직장을 판단하는 기준 1위는 언제나 워라밸이다. 월급의 액수보다 퇴근이 언제인지가 더 중요하다는 말이다. 더불어 밀레니얼들은 일에서 재미와 의미를 느끼고 싶어한다. 힘든 취업의 관문을 뚫고 어렵사리 들어간 직장을 1년도 안 되어 퇴사하는 이유는 일에서 재미와 보람을 느끼지 못했기 때문이다.

모든 세대의 가치관은 청년기의 〈세대 경험〉에 크게 좌우된다. 젊은 시절 경제 부흥과 새마을 운동을 경험한 베이비붐 세대는 출세 지향적이고, 5·18 광주항쟁을 비롯한 민주화 운동을 경험한 386세대는 정치에 관심이 많으며 문민정부와 서태지를 경험한 X세대는 문화 중심적이다. 반면 밀레니얼 세대는 디지털과 인터넷의 충격을 고스란히 받고 자란 세대다. 이 때문에 온라인 커뮤니케이션과 디지털에 능하며 사고방식 또한 디지털적이다. 이 사실은 4차 산업혁명이 진행되면서 밀레니얼 세대들이 선배들을 업무적으로도 압도하게 될 것임을 시사한다. 그러니까 밀레니얼들이 단순히 많은 인원수로만이 아닌 막강한 실력으로 조직을 〈접수〉하게 될 것이다.

늘 자신의 꿈과 생계 사이에서 엉거주춤한 자세로 버텨야 했던 밀레니얼들에게 코로나 이후의 변화는 도리어 전화위복이 될 수 있다. 야근과 회식을 능력으로 보는 고루한 인식이 사라지고, 실력으로 승부할 수 있는 환경이 빠르게 만들어지고 있

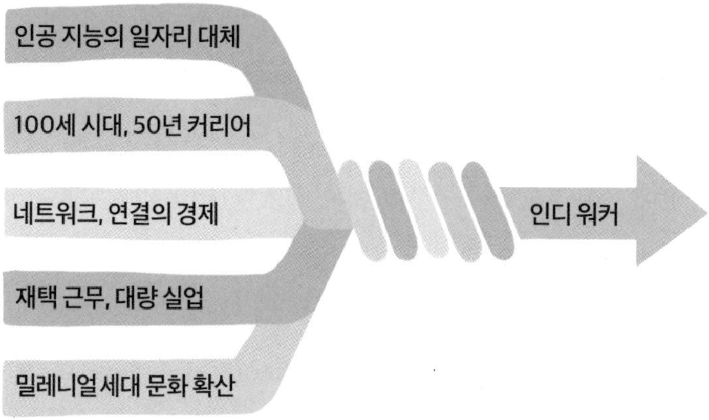

인공 지능의 일자리 대체

100세 시대, 50년 커리어

네트워크, 연결의 경제

인디 워커

재택 근무, 대량 실업

밀레니얼 세대 문화 확산

그림 7. 인디 워커의 출현을 예고하는 미래의 변화

기 때문이다. 언택트 환경에서 이들은 물 만난 고기처럼 역량을 발휘할 것이며 이들이 새로운 방법으로 일터를 장악하면서 낡을 대로 낡은 직장 문화도 점차 무대 뒤로 퇴장할 것이다.

코로나19가 몰고 올 변화와 시대적 메가 트렌드, 그리고 밀레니얼 세대라는 세 줄기가 합쳐져 〈인디 워커〉라는 거대한 흐름을 만들고 있다. 인공 지능의 일자리 대체, 100세 시대, 유연한 근무 환경, 대량 실업 등은 모두 우리에게 〈어떤 환경에서든 디지털 기술을 활용하여 독립적으로 일할 수 있는 직업인〉을 요구하고 있다. 언제든 해고될 수 있다는 것은 위기이지만, 자립적으로 일할 수 있다는 건 커다란 기회다. 인디 워커가 일하기에 최적의 시대가 오고 있는 것이다. 관건은 직장인이 아닌 〈직업인〉이 되는 것이다.

나는 직장인인가, 직업인인가

당신은 직장인인가 직업인인가? 직장에 다닌다는 이유로 자신을 직업인으로 생각하고 있다면 그건 착각이다. 직장은 남이 만들어 놓은 조직이지만, 직업은 시장에 팔 수 있는 특화된 전문성을 말한다. 직장 생활을 20년 한다고 해서 직업이 저절로 생기지 않는다. 나(승오)는 종종 복지관에서 조건부 기초생활수급자(교육 수강을 전제로 정부로부터 생활비를 지원받는 사람들)를 대상으로 강의를 하곤 하는데, 이들 중 대기업을 다닌 사람들이 적지 않음에 놀란다. 대부분 퇴직금으로 사업을 하다 실패해서 빈곤층이 된 경우다. 이들은 〈톱니바퀴로 살다 회사를 나오니 혼자서 할 줄 아는 게 별로 없더라〉고 했다. 뼈아픈 현실이다.

직장인과 직업인을 판별할 수 있는 두 가지 질문이 있다. 첫번째, 〈나는 회사에 일하건 혼자 일하건 똑같이 실력을 발휘하는가?〉 당신이 재택 근무를 해보았다면 그때 업무 효율이 많이 떨어졌는지 점검해 보라. 만약 그렇다면 당신은 직업인이 아닌 직장인이다. 전형적인 직장인일수록 본인 역량보다 회사 시스템에 의존하기 때문이다. 이보다 더 엄격한 두 번째 질문도 있다. 〈재능 공유 마켓에 내 기술을 판매한다면, 무엇을 얼마나 팔 수 있을까?〉 크몽이나 숨고 같은 재능 마켓이나 클래스101 등의 강의 시장에 당신을 판매한다고 생각해 보라. 만약 판매할 수 있는 전문성이 없거나, 살 사람이 없다면 당신은 아직 직장인이다.

왜 20년을 일해도 시장에 팔 수 있는 〈필살기〉가 없는 걸까? 주된 이유는 직장 생활에서 무엇을 지향하느냐에 있다. 미국 뉴로리더십Neuroleadership 연구소에 따르면 사람들은 직장에서 두 가지 목적을 가지고 일한다. 첫 번째 목적은 프루빙proving, 다시 말해 자신의 능력을 입증하는 것이다. 이런 목적이 강한 사람은 자신이 남들보다 더 낫다는 걸 끊임없이 증명하려고 한

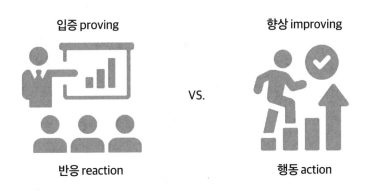

입증 proving

향상 improving

VS.

반응 reaction

행동 action

그림 8. 직장 생활의 2가지 지향점: 능력 입증 VS. 실력 향상

다. 그래서 승진이나 보상에 민감하고 매사에 경쟁적이다. 또 하나의 목적은 임프루빙improving, 즉 자신의 능력을 향상시키는 데 중점을 두는 것이다. 이런 목적을 가진 사람은 다른 사람을 이기려 하기보다는 자신의 분야에서 탁월한 수준에 오르는 데 집중한다. 타인과의 경쟁보다는 1년 전의 나와 경쟁하는 데 초점을 맞추는 것이다.

능력을 입증하려는 사람과 실력을 향상하려는 사람 중 누가 더 전문성을 갖게 될까? 당연히 후자다. 입증하려는 직장인은 본인의 능력보다 더 많은 성과를 보여 주려고 애쓰느라 능력 개발에는 소홀하기 십상이다. 이들은 후배가 요청하지 않을 때에도 가르치려고 들고, 질문을 할 때도 〈너 이거 알아?〉라고 물음으로써 본인의 위상을 높인다. 이런 사람의 전형적인 행동 패턴은 리액션reaction이다. 상사의 눈치를 살펴 빠르게 대응하고 조직 분위기에 민감해 조심스럽게 행동한다.

반면 능력 향상을 추구하는 사람은 후배를 포함해 누구에게든 배우고자 하며, 〈어떻게 더 나아질 수 있을까〉를 늘 고민한다. 이들은 수동적으로 리액션하기보다 주도적으로 액션action한다. 스스로 기회를 포착하여 업무를 이끌어 나가면서 점차 실력을 다진다. 인정 동기와 향상 동기 중에서 어떤 직장인이 조직을 벗어나서도 인디 워커가 될지는 자명하다. 당신이 직장 생활을 하는 동기는 무엇인가?

슬로 커리어, 인디 워커의 전략

1948년 딕과 마크라는 이름을 가진 형제가 미국 캘리포니아의 샌버너디노에 새로운 형태의 식당을 열었다. 그들은 공장의 조립 생산 방식을 주방에 도입해 서비스 속도를 높이고, 거추장스러운 용품 대신 종이컵과 플라스틱 포크 등을 사용했다. 간소한 작업 방식으로 맛과 서비스의 품질 향상에 매진할 수 있었으며, 생산 단가가 낮아져 가격도 저렴했다. 여기에 뛰어난 경영 수완을 지닌 레이 크록Ray Kroc이라는 사업가가 동참하면서 이 식당은 미국 전역으로 퍼져 나가 〈패스트푸드〉라 불리는 비즈니스의 원형이 되었다.

지금은 너무나 유명해진 맥도날드의 성공은 시대의 흐름과 맞물려 있었다. 산업화로 바빠진 사람들은 간편한 식사를 원하고 있었고, 더욱이 미국 대공황의 여파로 저렴한 식사에 대한 요구도 커졌다. 패스트푸드는 이러한 산업화의 요구에 정확히 부합하는 식품이었다.

빠르고 얕게 vs. 천천히 깊게

산업화는 사람들의 먹는 방식뿐 아니라 일하는 방식도 완전히 바꿔 놓았다. 농경 사회에서는 남들보다 얼마나 빨리 일하는가는 크게 중요치 않았다. 수확물은 노력보다는 날씨와 환경에 좌우되는 경우가 많았기 때문이다. 그러나 산업화로 인해 업무가 쪼개지고 균일화되면서 성과를 측정하고 비교할 수 있게 되었으며, 그 결과 노동자는 언제든 대체 가능한 인적 자원human resource이 되었다. 자연스럽게 〈경쟁력〉이라는 말이 대두되면서 남들보다 빨라야 살아남는다는 패러다임이 자리 잡았다. 산업화와 함께 〈패스트 커리어〉가 탄생한 것이다.

패스트푸드가 건강과 미각을 해치는 것처럼, 패스트 커리어 역시 번아웃을 초래하고 삶의 균형을 무너뜨린다. 패스트푸드에 익숙해지면 자극적인 맛과 조미료에 중독되듯이 패스트 커리어는 승진, 연봉 등의 외적 보상에 집착하게 하며 결과적으로 자존감을 낮춘다. 가장 치명적인 것은 패스트푸드에 익숙해지면 식도락(食道樂)은 사라진 채 음식이 〈연료〉로 전락한다는 점이다. 패스트 커리어 역시 일에서 재미와 존재감을 탈락시켜 일을 〈밥벌이〉로 만들어 버린다. 그래서일까, 사람들은 점차

패스트푸드	슬로푸드
- 속도 지향: 대량 생산, 표준화	- 품질 지향: 소량 생산, 다양화
- 자극적 맛과 빠른 섭취	- 깊은 맛과 식사 즐기기
- 미각과 건강을 해침	- 미각과 건강의 회복
- 음식=연료	- 음식=식도락
패스트 커리어	**슬로 커리어**
- 상승 지향: 속도와 경쟁	- 깊이 지향: 방향과 전문성
- 연봉, 승진 등 외적 보상	- 숙련, 보람 등 내적 보상
- 조직 중시, 번아웃의 위험	- 자립 중시, 일과 삶의 균형
- 직업=생계의 수단	- 직업=자기실현의 장

표 1. 패스트 커리어와 슬로 커리어의 특징 비교

〈빠른 것의 위험성〉을 깨닫고 있다. 맥도날드가 이탈리아의 로마로 진출하자 1986년 이탈리아에서 미각의 즐거움, 건강 회복 등의 기치를 내건 새로운 식생활 운동을 전개했는데 이것이 전 세계로 확산되어 지금의 슬로푸드 운동이 되었다. 사람들은 느리게 살아야 더 행복하고 건강해질 수 있음을 깨닫고 있다.

이제는 식습관을 넘어 우리의 직(職)습관을 바꿔야 할 때다. 중요한 것은 얼마나 빨리, 높이 올라가느냐가 아니다. 얼마나 자신에게 충실하며 그 과정이 행복한지가 핵심이다. 좋아하고 잘하는 일을 자신의 방식으로 할 때 생기는 자연스러운 커리어를 추구해야 한다. 슬로 커리어는 깊이를 지향하는 커리어로, 내공을 쌓으며 점차 자립할 수 있는 역량을 키우는 것이다. 대다수의 인디 워커가 취하는 전략이기도 하다. 패스트 커리어가 〈이기는〉 커리어라면, 슬로 커리어는 때로 져주기도 하면서 궁극적으로 이길 필요가 없어지는 전략이다.

천천히 조직 안에서 자기답게 자립하는 커리어
이 책에서는 슬로 커리어를 다음과 같이 정의한다.

> 슬로 커리어 =
> 장기적으로 조직 안에서 자기다운 일로 자립하는 경력

우선, 슬로 커리어는 〈장기적 관점〉으로 직업을 바라보는 것이다. 대부분의 직장인은 자의든 타의든 50대에는 직장에서 나와야 하며 이후 30년을 스스로 벌어먹어야 한다. 퇴사 후 확실한 직업이 없다면 힘든 시절이 될 것이다. 슬로 커리어는 천직을 발견하여 그 일을 끊임없이 쇄신하며 원숙해지는 과정을 의미한다.

두 번째, 슬로 커리어는 〈조직 안〉에서 실력을 닦는 전략이다. 무턱대고 직장을 박차고 나오는 건, 특히 가족이 있는 경우

라면 현명한 선택이 아니다. 확실한 전문성을 쌓지 못한 채 퇴직한 많은 이들이 프랜차이즈 음식점을 차리지만 통계적으로 절반 이상이 3년 안에 폐업한다. 회사라는 울타리 안에서 나의 전문성을 발견하고 파내려 나가야 한다. 다만 깊이 파기 전에 〈시추〉의 과정이 필요하다. 조직 내에서 다양한 일을 수행하며 자신의 특성을 깊이 이해한 뒤에야 나와 어울리는 일을 발견할 수 있다. 이렇게 찾아낸 지점이야말로 전력으로 깊이 파야 할 곳이다.

다행스럽게도 확실한 방향성을 가진 사람에게 직장은 좋은 학교가 될 수 있다. 업무와 관련된 여러 실험을 월급을 받으며 해볼 수 있고, 다양한 사람들과 부딪혀 볼 수 있다. 새로운 업무를 통해 잠재력을 깨닫기도 한다. 인디 워커는 회사를 수련장 삼아 빠르게 전문성을 키워 나간다.

세 번째로, 슬로 커리어는 〈자기다움〉을 최대한으로 활용한다. 스스로 좋아하고 잘할 수 없다면 어떤 일이든 탁월함에 이르기 어렵다. 자기 탐색에는 적어도 세 가지의 관점이 필요하다. 나는 무엇을 잘할 수 있는가?(강점) 나는 무엇에 살아있음을 느끼는가?(소망) 일을 통해 어떤 가치를 실현하려고 하는가?(가치관) 이 세 가지 질문의 접점이 곧 〈나〉이다.

『사피엔스』의 저자 유발 하라리는 〈2040년이 되면, 당신이 알고 있는 것들 중 하나만 빼고는 모두 쓸모없어진다는 것을 알게 될 것이다. 유일하게 쓸모가 있는 지식은《당신 자신에 대한 앎》이다〉라고 말한 바 있다. 앞으로의 시대는 자신의 내면을 깊이 들여다본 사람의 몫이 될 것이다.

인디 워커는 What을 통찰한다

마지막으로 슬로 커리어의 궁극적인 지향점은 〈자립(自立)〉이다. 이것은 조직을 떠나 창업하는 독립과는 구분된다. 인디 워커는 조직 안에서도 자립적으로 일을 주도하며, 문제 해결에 앞서 스스로 문제를 발견하고 정의할 줄 안다.

우리가 어떤 일을 진행할 때에는 What(문제/기회 포착) – How (방법 도출) – Do(실행) – Check(결과 검증)의 단계를 거친다. 이 중 가장 어렵고도 중요한 일이 What이라 할 수 있다. 대다수의 지식 근로자는 How에 집중하는 데 비해 최고 경영진은 What을 통찰하고 결정한다. 최고의 선수가 최고의 감독이 되는 경우가 드문 것처럼 일 잘하는 실무자가 훌륭한 경영자가 되는 건 아니다. How와 What은 관점이 완전히 다르기 때문이다.

두 관점의 차이는 공부study와 연구research에 비유할 수 있다. KAIST의 연구실에서 선배들을 보며 나(승오)는 성적이 출중한 사람이 반드시 좋은 논문을 쓰는 게 아님을 여러 차례 확인했다. 공부는 주어진 문제에 대한 답을 찾으면 그만이지만,

구분	직장인(How 중심)	인디 워커(What~How 전체)
전문 분야	스페셜리스트	프로페셔널
경영 일반	행정가	사업가

표 2. 직장인과 인디 워커의 차이

연구는 문제 자체를 도출하는 데서 출발하기 때문이다. 공부가 답습의 영역이라면, 연구는 개척의 영역이다. 여기에서 스페셜리스트와 프로페셔널이 갈린다.

스페셜리스트는 How에 대한 전문 지식을 갖추었지만, 스스로 일을 만들어 기회를 창출하는 능력이 부족하다. 프로페셔널은 스스로 기회를 발굴해 프로젝트를 주도적으로 이끌어 나갈 수 있다. 경영 부문도 마찬가지다. 대다수 관리자들은 조직 운영에 대한 방법을 알고 실행하는 행정가이지만, 실제 사업체를 경영할 수 있는 사업가인 경우는 드물다. 인디 워커는 일을 스스로 개척할 수 있는 자립력을 갖춘 사람이다.

슬로 커리어, 말은 그럴 듯하지만 성공하기 너무 어렵지 않느냐고 물을 수 있다. 그렇다면 패스트 커리어로 성공하는 것은 쉬운가? 이미 살펴본 것처럼 임원으로 승진하는 직장인은 극소수이다. 1억 이상의 고액 연봉자 역시 4.3퍼센트에 불과하다. 게다가 화려한 직장 경력을 가진 이들 가운데 조직의 울타리를 벗어나서도 여전히 승승장구하는 경우도 드물다. 제아무리 억대 연봉을 받았어도 퇴직 후 할 일이 없다면 인생 평균 소득은 턱없이 낮아진다. 오히려 급여는 덜 받더라도 확실한 실력을 쌓아 퇴직 후에도 꾸준히 번다면 전체 소득이 훨씬 높다. 장기적인 관점에서 보면 슬로 커리어로 성공할 가능성은 패스트 커리어의 성공 확률보다 결코 낮지 않다.

분명한 건 슬로 커리어가 오래 성장하는 길이라는 점이다. 다만 인디 워커가 되기까지는 시간이 필요하다. 하나의 씨앗이 꽃을 피우기까지 사계절의 순환이 필요하듯 인디 워커 또한 성숙의 과정을 거쳐야 하며 꽃피는 시점 또한 각자의 리듬마다 다르다. 슬로 커리어는 자신의 속도대로 무르익어 가며 미래를 만들어 나가는 길이다.

인디 워커의 세 가지 핵심 역량

타석에 한 선수가 배트를 들고 서 있다. 투수가 던진 공은 스트라이크 존 가장자리로 흘러 들어왔다. 원 스트라이크! 저런 공을 놓치면 안 되는데……. 관객도 감독도 안타깝게 지켜봤다. 두 번째 공이 왔다. 중앙으로 들어오는 정말 치기 좋은 코스였다. 투수는 〈아차〉 했고, 감독은 안타 하나와 1점을 예상했다. 그러나 타자는 배트를 휘두르지 않았다. 답답해진 감독이 외쳤다.

「아니 저 친구 뭘 기다리는 거야? 이봐! 뭘 기다리는 거야?」

타석에 선 선수는 이렇게 중얼거렸다.

「뭘 기다리느냐고? 내가 기다리는 건 25일이야.」

25일은 그의 월급날이었다.

직장인은 월급을 기다린다. 월급이 많아서가 아니다. 그마저도 없으면 직장 생활이 무가치해 보이기 때문이다. 보람도 기쁨도 없는 지겨운 일의 되풀이, 상사의 과도한 요구, 자신이 한 일을 아무도 알아주지 않을 때 오는 스트레스가 극에 달할 때쯤 통장에 월급이 들어오면 다시 그 순간을 넘길 수 있게 된다.

그러나 이런 〈월급뽕〉은 힘든 직장 생활을 버틸 수 있게는 해줄지 모르지만, 이미 식어 버린 열정을 되살리지는 못한다. 지금 하고 있는 일에 미래가 없고 잠재력을 발휘할 기회가 없을 때, 우리의 열정은 힘없이 사그라진다. 시키는 일은 하지만 그 이상은 하지 않게 된다. 어쩌면 열정은 조직의 부속품에 불과한 직장인에게 사치일지도 모른다.

당신의 열정을 체크할 수 있는 간단한 질문이 있다. 〈나는 지금 하고 있는 일을 하기 위해 돈을 낼 용의가 있는가?〉 우리는 좋아하는 취미 활동에 기꺼이 돈을 쓴다. 산을 오르는 두 남자 중 하나는 취미로 산을 타는 등산가이고 다른 한 명은 정상에서 음료수를 팔러 가는 장사꾼이다. 배낭의 무게도 비슷하고 코스도 동일하지만, 등산가는 입장료를 내면서 콧노래를 부르고 장사꾼은 연거푸 한숨을 쉰다. 만약 지금의 직무를 하기 위해 돈을 지불할 의향이 전혀 없다면 당신의 일은 품삯에 불과한 것이다. 돈을 내고서라도 지금 일을 하고 싶다면, 당신은 그 일을 사랑하는 것이다.

직장인의 웃픈 현실

대기업에서 부장직을 끝으로 정리 해고된 중년 남성이 재취업을 하기 위해 면접장에 들어왔다. 면접관이 물었다.

「당신은 무엇을 잘할 수 있습니까?」

남성은 자신 있게 대답했다.

「예, 부장을 할 수 있습니다.」

우스개지만 실제 면접장에서 이런 웃픈 일들이 가끔 일어난다. 기업에서 10년 넘게 일했지만 자신 있게 내세울 수 있는 전문성도, 눈에 띄는 실적도 없다. 그저 주어진 일을 남들만큼 하다 보니 관리자 자리에 앉게 됐을 뿐, 제대로 된 커리어를 쌓아 놓지 못한 직장인이 적지 않다.

앞서 여러 번 했던 질문을 스스로에게 던져 보자. 〈퇴직 후 30년을 나는 무엇으로 살 것인가?〉 사실 이 질문에 답할 수 있는 직장인은 드물다. 가끔씩 생각만 할 뿐 진지하게 해결책을 모색하지는 않기 때문이다. 그러다가 다른 회사로 이직조차 어려워지는 40대에 들어서면, 내가 앉은 그 자리를 잃어버리지 않을까 전전긍긍한다. 〈이 일을 언제까지 해야 하나〉는 불평은 〈이 일을 언제까지 할 수 있을까〉 하는 불안으로 바뀐다. 시스템을 이탈하는 순간 톱니바퀴는 쓸모를 잃고 창고 구석에 놓일

뿐임을 알기 때문이다.

그렇다면 조직의 상층부로 빠르게 오르는 것이 큰 의미가 있을까? 높은 산은 급하게 오를수록 고산병의 위험이 높아진다. 빨리 올라가면 빠르게 내려와야 한다. 〈임원=임시 직원〉이라는 말은 우스갯소리가 아니다. 임원의 평균 수명은 5년 정도이다. 조직은 높은 자리일수록 성과가 낮아지면 빠르게 대체한다. 그렇다면 패스트 커리어보다 기본기에 충실한 슬로 커리어가 더 낫지 않을까? 조금 느리더라도 자신만의 필살기를 탄탄히 다진다면 은퇴 후 30년이 훨씬 행복하지 않을까?

인디 워커의 핵심 역량

고행을 통해 깨달음을 얻은 싯다르타는 문득 세상의 모든 것을 경험하고 싶어 세상 속으로 발을 내딛는다. 그리고 유명한 상인 카마스마비 앞에서 면접을 본다. 상인이 묻는다.

「당신은 빈털터리인데 도대체 무얼 줄 수 있단 말이오?」

「누구나 자신이 가진 것을 주지요. 전사는 힘을 주고, 상인은 상품을 주고, 선생은 가르침을, 농부는 쌀을, 그리고 어부는 물고기를 주지요.」

「지당한 말입니다. 그런데 당신이 줄 수 있는 건 무엇이지요? 당신이 배운 것, 당신이 할 수 있는 것은 무엇입니까?」

「저는 사색할 줄 압니다. 저는 기다릴 줄 압니다. 저는 단식할 줄 압니다.」

「그것이 전부인가요?」

「저는 그것이 전부라고 생각합니다.」

헤르만 헤세의 소설 『싯다르타』의 한 장면이다. 세속에서 살아가는 데 필요한 기술은 하나도 몰랐던 수행자가 할 수 있는 일이라고는 사색하고, 기다리고, 단식하는 일뿐이다. 그럼에도 그가 보통 인물이 아님을 알아본 카와스마비는 그를 고용한다. 싯다르타는 장사에 대해 아는 게 별로 없었지만 침착하고 안정적인 태도를 가졌고 다른 사람의 말에 귀를 기울일 줄 알았다. 그는 상인이든 채무자든, 부자든 거지든 차분히 그들의 이야기를 들으며 공감하고 그들이 원할 때는 조언해 주며, 선물을 베풀고 때로는 속아 주기도 했다. 그 결과 사업은 번창했다. 게다가 싯다르타는 하루에 한 끼만 먹었고 고기나 술은 입에 대지도 않았으며 많은 급여를 요구하지도 않았다. 카마스마비는 그를 점점 총애하게 되었으며, 모든 중요한 용건을 그와 상의하기 시작했다.

단 하나, 카마스마비가 마음에 들지 않는 건 싯다르타가 장사를 진지하게 생각하지 않는다는 점이었다. 싯다르타는 장사를 일종의 유희로 생각하는 것 같았다. 이에 대해 하루는 카마스마비가 언짢게 화를 내자 싯다르타는 〈제가 당신의 사업에 손해를 끼치고 있다고 생각하시면 언제든 말씀해 주십시오. 저는 제 길을 갈 것입니다〉 하고 덤덤히 말할 뿐이었다. 상인은 싯다르타에게 〈당신은 나, 이 카마스마비의 빵을 먹고 사는 것이오〉라고 설득하려고 했으나 허사였다. 싯다르타는 자기 자신의 빵을 먹고 있었던 것이다.

싯다르타는 인디 워커의 모범을 보여 준다. 인디 워커는 다른 누구도 아닌 자신의 빵을 먹는다. 일에서 즐거움을 놓치지 않으며 스스로 배우고 익혀 회사에 의존하지 않고 일한다. 이런 직장인은 의외로 많다.

TBWA의 광고인 박웅현이나 월드비전의 구호 전문가 한비야, 『90년생이 온다』의 저자 임홍택은 베스트셀러 작가이자 유명인이지만 여전히 월급을 받으며 직장인으로 일하고 있다. 제일기획의 광고인이었던 최인아는 퇴직 후 〈최인아 책방〉을 냈고, 중앙일보 기자이자 논설위원이었던 이나리는 여성 커리어 성장 플랫폼인 〈헤이 조이스〉를 창업했다. PR컨설팅사 에델만 코리아를 나온 김호는 〈더에이치랩〉을 설립하여 저술과 코칭 활동을 병행하고 있다. 이들은 모두 20년 가까이 회사를 다니며 자신의 전문성을 심화했다.

이런 유명인이 아니더라도 우리 주변에 인디 워커들은 어렵지 않게 찾아볼 수 있다. 〈프레젠테이션? 영업팀 김○○ 대리에게 조언을 구해 봐〉, 〈기획서 쓰는 거 어려우면 ○○팀 이 과장 한테 물어봐〉. 이렇게 회사 내에서 한 분야의 전문가로 통한다 면 그는 이미 인디 워커다. 묵묵히 자신의 잠재력을 담금질했 기에 가능한 일이다. 조금 더 심화하고 확장한다면 그는 퇴직 후에도 독립할 수 있을 것이다.

인디 워커가 되려면 어떤 능력을 키워야 할까? 싯다르타는 여기에서 세 가지 능력이라 답한다.

첫째, 사색하는 능력이다. 눈을 내부로 돌려 자기 안의 빛나 는 씨앗을 발견한다. 질문을 통해 자기 자신이라는 풍성한 재 료를 스스로 탐색하는 것이 인디 워커의 첫 번째 능력이다. 자 신을 깊이 아는 사람은 결코 무너지는 법이 없다. 싯다르타는 지식이 턱없이 부족했지만, 자신이 잘할 수 있는 한 가지(타인 의 마음을 편안히 해주는 것)를 알고, 그것으로 고객의 마음을 감동시켰다. 많은 것을 알고 있는 교활한 여우와 다소 모자라 지만 하나에 집중하는 고슴도치의 전투에서 승리하는 것은 언 제나 고슴도치다. 가장 잘하는 일에 집중하기 때문이다. 사색 을 통해 자신의 핵심 역량을 분명하게 알 때 승리는 굳건해진 다. 다음 장에서 자신의 핵심 역량을 발견하는 방법을 다룰 것 이다.

둘째, 기다릴 줄 아는 능력이다. 자신의 잠재력을 발견했다고 해서 섣불리 퇴사하기보다는, 회사에서 능력을 심화하며 때를 기다린다. 돈을 벌면서 여러 가지 실험을 해볼 수 있다는 점에서 회사는 매력적인 학교다. 다양한 역할을 맡으며 리더십을 훈련할 수도 있고, 협업을 배우고 비즈니스의 기본기를 익힐 수도 있다. 사색만으로는 자신에 대해 깊이 알 수 없다. 현장에서 거듭 부딪히며 단련할 때 보다 분명하게 자신의 심층을 볼 수 있다. 3장에서 우리는 회사를 도장(道場) 삼아 전문성을 심화하는 방법을 논하게 될 것이다.

인디 워커의 마지막 핵심 능력은 단식할 줄 아는 것이다. 불필요한 욕망을 절제함으로써 두려움을 이긴다. 가령 돈에 얽매이지 않으면서 하고 싶은 일을 하려면 고정비를 줄여 생활의 손익분기점을 낮춰야 한다. 존재욕과 소유욕을 현명하게 구분하면 큰돈을 쓸 필요가 없어져 소비도 자연스럽게 줄어 든다. 소비뿐만이 아니라 불필요한 활동, 소모적인 관계, 걱정과 불안, 생활 패턴 등을 단순화함으로써 우리는 자유로워질 수 있다. 그리고 이 모든 단식은 두려움과 밀접한 관련이 있다. 4장에서 우리는 두려움을 직시함으로써 필요 이상의 욕망에 연연하지 않는 법을 배우게 될 것이다.

자신을 깊이 알고 때를 기다리고 마음을 다스릴 줄 아는 능력, 세상에 이보다 더 중요한 능력이 또 있을까. 이 세 가지를 갖추면 직장 생활이 보다 자유로워진다. 회사를 나와 이직을 하거나 창업을 해도, 큰 두려움 없이 시작할 수 있다. 사색하고,

기다리고, 단식하는 세 가지 능력을 통해 우리는 인디 워커로 거듭날 수 있다.

2

사색한다
내 안의 위대한 나

직장에서 천직을 발견하는 방법

하나의 문이 닫히면 또 다른 문이 열리게 마련이다. 그러나 우리는 후회 속에서 오랫동안 닫힌 문을 쳐다보며 아쉬워한다. 등 뒤에 또 하나의 문이 열려 있는 것도 알지 못한 채 말이다. 낡은 시대의 문은 빠르게 닫히고 있다. 이제 몸을 돌려 지금까지의 커리어를 뒤로하고 〈나〉라는 새로운 문을 열어젖힐 시간이다. 나를 깊이 통과할 때 천직의 문에 다다를 수 있다.

커리어 퀘스트, 천직을 향한 길

인디 워커로 성장한 사람들은 비슷한 패턴을 통해 자신의 천직에 접근한다. 이들은 처음에는 질문을 통해 자신을 탐색하고 관련된 책을 읽고 정보를 수집한다. 그 후 현장으로 가서 그 일을 직접 하고 있는 전문가를 만나 힌트를 얻어 프로젝트성의

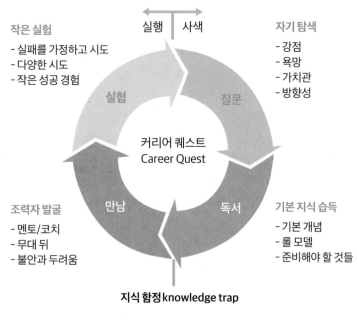

작은 실험
- 실패를 가정하고 시도
- 다양한 시도
- 작은 성공 경험

실행 | 사색

자기 탐색
- 강점
- 욕망
- 가치관
- 방향성

실험

질문

커리어 퀘스트
Career Quest

조력자 발굴
- 멘토/코치
- 무대 뒤
- 불안과 두려움

만남

독서

기본 지식 습득
- 기본 개념
- 롤 모델
- 준비해야 할 것들

지식 함정 knowledge trap

그림 9. 커리어 퀘스트 개요

작은 실험을 반복한다. 이 과정을 〈커리어 퀘스트Career Quest〉
라고 부르자. 여기서 질문과 독서는 사색의 영역, 만남과 실험
은 실행의 영역이다. 안으로 성찰하고, 밖으로 행동하는 사이
클을 반복함으로써 보다 〈깊은 나〉에게 다가갈 수 있다.

커리어 퀘스트는 네 단계로 이루어진다.

첫 번째는 〈질문〉을 통해 내면을 바라보는 단계다. 무엇보다
종이 위에서 생각하기를 추천한다. 종이에 적을 때 산발적인 생

각들이 정리될 뿐만 아니라 시간이 흐를수록 숙성되어 스스로 길을 찾는다. 소망과 재능, 가치관에 대한 다음의 질문을 진지하게 사색해 보라.

1) 소망: 나는 무엇에 살아있음을 느끼는가?
　　　진정 원하는 것은 무엇인가?
2) 재능: 나는 무엇을 잘할 수 있는가?
　　　가장 빛나는 재능과 개발된 능력은 무엇인가?
3) 가치관: 나는 무엇을 위해 일하는가?
　　　직업에서 중시하는 가치는 무엇인가?

북아메리카의 인디언은 특별한 성인식을 갖는다. 12세 전후의 아이는 마을을 떠나 홀로 깊은 숲속으로 간다. 열 개 남짓 돌을 주워 주변에 동그랗게 둘러놓은 후 자리에 앉아 며칠간 꼼짝 않고 스스로에게 질문한다. 〈나는 어떻게 살고 싶은가?〉, 〈어떤 일로 부족에 공헌할 수 있는가?〉 등과 같은 일련의 질문으로 며칠을 보내고 나서 나름의 답을 안고 부족으로 돌아온다. 비전 퀘스트Vision Quest라 불리는 이 의식을 통해 소년은 확실한 방향성을 가진 어른으로 변모한다.

당신도 한 달 정도 위의 질문들과 함께 생활해 보라. 아침에 깨어나서 하나의 질문을 품고 일하며 밤에도 같은 질문을 안고 잠드는 것이다. 질문에 집중하면 불현듯 중요한 실마리들이 하나둘 떠오르기 마련이다. 그러면 꼭 기록하고 모아 둔다. 이렇게 쌓인 것들이 서로 연결되고 통합되면 질문은 해답의 길로 접어든다. 세 가지 질문을 당분간 삶의 중심에 두어야 한다. 청문사(聽問師)는 〈질문하고 경청하는 스승〉을 의미한다. 스스로에게 그런 스승이 되어 보자.

두 번째는 〈책〉을 통해 삶의 이상을 만나는 단계다. 머릿속의 모호한 생각이 개념과 사례를 만나면 뚜렷한 장면으로 각인된다. 질문이 홀로 생각하는 것이라면, 독서는 작가와 함께 생각하는 과정이다. 책을 통해 나의 독자적인 생각이 무르익고 아이디어가 샘솟으며 때로 영감을 주는 인물을 만나게 된다. 혹자는 커리어에서는 실행하는 게 중요할 뿐 책은 쓸모없다고 말하는데, 책만 중시하는 입장만큼이나 편협한 생각이다. 독서에는 삶을 바꾸는 힘이 있다.

투자가 워런 버핏은 대학교 3학년 때 벤저민 그레이엄이 쓴 『현명한 투자자』를 읽고 그를 찾아가 제자가 되고 함께 일하며 가치투자에 눈뜬다. 헨리 소로는 스무 살에 에머슨의 『자연』을 읽고 월든 숲에 오두막을 짓고 생활하며 마음으로 꿈꿔 온 삶을 시작한다. 그가 쓴 책은 바다를 건너 인도의 간디에게로 이어져 간디의 핵심 철학인 〈사티아그라하(비폭력 저항 운동)〉를 형성하는 데 결정적인 영감을 주게 된다. 한 권의 책이 갖는 힘은 이토록 위대하다.

〈독서〉 단계에는 하나의 함정이 존재한다. 책을 읽고 〈알 것 같은〉 기분이 들 때가 가장 위험하다. 책을 보고 꿈에 부풀어 현실을 등지는 순간 꿈은 몽상으로 전락한다. 지나친 몽상가는 세상에 맞서 외로운 투사로 고군분투하다 추락하곤 한다. 가령 세상 어디에도 없는 완벽한 직업을 찾아 헤매다가 결국 두려움 때문에 아무것도 하지 못하게 될 수 있다.

지식의 함정을 피하기 위해 해야 할 일은 〈만남〉이다. 커리어 퀘스트의 세 번째 단계다. 책을 읽고 사색하다 보면, 워런 버핏과 헨리 소로가 그랬듯 마음이 끌리는 분야나 사람들이 생기기 마련이다. 그렇게 관심이 가는 분야에서 실제 일하고 있는 사람을 적극적으로 찾아가 만나야 한다. 만약 그가 책을 출간했다면 출판사에 연락하면 연락처를 얻을 수 있다. 대중 강연이나 SNS, 유튜브 등 인터넷 검색을 통해 만남을 요청할 수도 있다. 비슷한 주제를 공부하는 인터넷 카페나 위즈돔, 온오프믹스 등의 모임 플랫폼에 올라온 모임들도 활용할 수 있다.

만나서 확인해야 하는 건 두 가지, 〈무대 뒤〉와 〈새로운 무대〉다. 먼저 화려한 무대 이면에 가려진 무대 뒤의 어둠과 고충, 그 무대에 서는 데 필요한 자격 요건 등을 정확하게 확인할 필요가 있다. 또 하나, 그 분야 속의 새로운 무대(직무)들에 대해서도 확인해야 한다. 보통 〈영화 분야〉라 하면 배우, 감독, 시나리오 작가만 떠올리지만 그 안에는 특수 분장가, 촬영지 섭외가, 전문 번역가 등 엔딩 크레디트를 가득 채울 만큼 다양한 역할들이 존재한다. 처음 생각과는 달리 의외의 직무를 발견할 수도 있다. 심층 인터뷰를 하듯 그 분야의 다양한 무대들을 충실히 알아봐야 한다.

씨앗을 뿌리듯 작게 실험하라

마지막 단계는 슬로 커리어의 가장 핵심적인 부분이라 할 수 있다. 탐색하고 인터뷰한 모든 것을 바탕으로 〈작은 실험〉을 해보는 것이다. 처음부터 일을 크게 벌이기보단 위험 부담이 적은 소규모 프로젝트를 가볍게 시작한다. 앞서 나를 찾아온 B의 경우처럼 강사가 되고자 하는 사람은 교육 부서에 요청해서 신입 사원의 지도 선배나 사내 강사로 활동해 보거나, 사내외 행사에서 발표를 해볼 수 있다. 광고나 영상 기획자가 되려는 사람은 거창한 촬영 장비 없이 스마트폰으로 몇 가지 콘텐츠를 촬영하고 편집하여 유튜브에 업로드해 본다. 작가를 꿈꾼다면 블로그나 브런치 같은 글쓰기 플랫폼에 글을 쓰는 것으로 시작할 수 있다. 제대로 꽂힌 큰 한 방 전에 수많은 잽이 있듯이 자신에게 잘 어울리는 잡Job에도 여러 번의 잽Jab이 필요하다.

벤처 투자가였던 피터 심스는 애플이나 아마존 같은 혁신 사례들을 연구한 끝에 이들이 공통적으로 취하는 한 가지 전략을

〈리틀 베츠Little Bets〉라고 명명했다. 그에 따르면 놀라운 혁신은 처음부터 거대한 프로젝트로 시작된 경우는 별로 없고, 다만 여러 차례의 작은 시도를 하여 성공한 사례들이 대다수였다. 심리학자 존 크럼볼츠는 계획적 우발성 이론planned happentance theory을 발표했는데, 그의 연구에 따르면 커리어의 80퍼센트 이상은 우연히 일어나는 일이 좌우한다. 즉 계획적으로 커리어를 만드는 대신 개방적인 자세로 이런저런 시도를 할 때 기회가 찾아온다. 이 두 가지 이론을 종합하면 커리어야말로 〈작은 실험〉에 딱 맞는 주제다.

작은 실험은 성공하든 실패하든, 그것으로부터 배울 수 있다는 점에서 큰 의미가 있다. 에디슨은 전구를 발명하기까지 9천 번 이상의 실험을 진행했다. 그는 〈만일 1만 가지의 방법을 시도했는데 모두 효과가 없다고 해도 나는 실망하지 않는다. 한 가지 방식이 잘못된 것으로 밝혀질 때마다 한 발짝 전진한 것이기 때문이다〉라고 말했다. 작은 실패는 어떤 경우든 다음 단계를 위한 중요한 피드백을 제공한다. 게다가 이 과정에서 얻는 작은 성공은 큰 자신감을 제공한다. 가령 폴 고갱은 증권 회사를 다니던 30대 초반, 몇 번의 전시회를 열었고 평단의 좋은 반응을 얻었기에 35세의 매우 늦은 나이에도 전업 화가로 나설 수 있었다.

작은 실험은 씨앗을 뿌리는 것과 같다. 모든 씨앗이 좋은 흙에 자리 잡는 것은 아니며, 안착한 모든 씨앗이 싹이 트는 것도 아니다. 그러나 씨앗들 가운데에서 거대한 나무로 성장하는 것들도 있다. 그러니 우리가 할 일은 세상을 향해 가볍게 씨앗들을 날리는 것이다. 대부분은 아스팔트에 떨어져 죽겠지만 일부는 흙에 떨어져 싹을 틔울 것이다.

네 단계의 커리어 퀘스트의 끝은 다시 처음으로 이어져 원형의 사이클을 만든다. 여러 실험으로 알게 된 자신에 대한 새로운 사실을 바탕으로 다시 질문하고 공부하고 사람을 만나는 과정을 반복한다. 처음에는 크게 돌아가던 원이 깊어질수록 좁아져 점점 하나의 초점에 맞춰진다. 이 지점이 당신의 천직이다. 이 사이클을 유념하고 각 단계에 충실할수록 당신의 천직으로 가는 길은 뚜렷해질 것이다.

마지막으로 당부 하나. 혹시라도 〈나를 찾기 위해 퇴사해야겠다〉고 생각한다면 적극적으로 말리고 싶다. 커리어 탐색은 일과 직접적으로 부딪히며 자신을 발견해 가는 과정이다. 현장을 떠난 사색은 기쁨을 줄 순 있지만 통찰을 줄 수는 없다. 퇴사하여 무언가를 깨달았다고 해도 다시 현장에 돌아오면 전혀 생각지 못한 다른 문제에 봉착하게 된다. 번아웃으로 단지 쉬고 싶은 것이라면 온전히 쉬는 데 집중하는 게 낫다. 천직을 찾고 싶다면 일과 병행해야 한다. 책을 읽지 않는 작가가 없고 TV를 모니터링 하지 않는 방송인이 없듯이 인디 워커는 일을 하면서 잠재력을 실현한다.

현장에서 일하면서 〈질문-독서-만남-실험〉이라는 사이클에 자신을 대입해 보라. 내가 소홀히 여기고 있는 활동은 없는지, 단계를 뛰어넘고 성급히 진행하고 있지는 않은지 점검하면 점점 천직에 접근하게 될 것이다. 사색 없는 실행은 위태롭고, 실행 없는 사색은 공허하다. 사색과 실험의 담금질을 거듭할 때 인디 워커로서 확실하게 자리매김하게 될 것이다.

소망, 나는 언제 살아있음을 느끼는가?

프랑스의 후기 인상파를 대표하는 화가 폴 고갱은 30대 중반까지 평범한 직장인이었다. 그는 스물여섯이라는 늦은 나이에 가벼운 취미로 시작한 그림 그리기에서 이전까지 그 어디서도 맛보지 못한 환희를 느꼈다. 일요일에만 하던 회화 작업은 어느새 주말 전체로 퍼져 갔고, 평일 퇴근 이후의 시간도 모두 독차지해 버렸다. 고갱은 그림을 그리는 동안 진정으로 살아있음을 경험했기에, 남은 생의 캔버스를 회화 작업으로 채워 나가기로 결심했다. 마침내 그는 서른다섯이 되던 해에 〈지금부터 나는 매일 그림만 그리겠다〉고 선언하며 증권 회사를 그만두고 전업 화가의 길을 선택했다. 고갱의 삶에서 분기점이 되는 순간이었다.

진짜 행복한 상태를 찾아서

고갱의 불타는 열정이 가벼운 희열에서 비롯되었음에 주목하자. 처음으로 붓을 들고 캔버스에 칠할 때의 가벼운 흥분감은 점점 그를 사로잡았다. 우리가 몰입하는 것, 기분 좋은 떨림, 여운이 오래 남는 것들에 물음표를 달아야 한다. 무엇이 내게 희열감을 선사하는가? 팍팍한 일상 속에서 문득 살아나 내게 울림을 주는 것은 무엇인가? 무엇을 할 때 가장 나다운가? 나의 〈소확행〉은 무엇인가? 희열은 사람마다 그 입구가 다르다. 누군가에게는 정성스레 손수 내린 커피 한 잔이, 또 누군가에게는 작은 노트에 적어 내려 간 내밀한 글이, 쨍하게 맑은 산 정상의 차가운 공기가, 또는 나무를 뚝딱이며 만들 때의 고요한 침묵이 〈살아있음의 황홀〉로 통하는 문이 된다. 그것은 자신만이 온전히 알아차릴 수 있다. 그 순간과 느낌을 관찰하고 기록해 두는 것이 중요하다.

신화학자 조지프 캠벨은 이러한 살아있음을 경험하는 존재 상태를 〈블리스bliss〉라 칭했다. 그리고 블리스와 반대되는 상태를 〈황무지〉라 불렀다. 그에 따르면 황무지는 숨은 쉬며 살아있되 자기라는 존재는 소멸된 삶, 〈남이 하는 대로, 타인이 시키는 대로 하면서 사는〉 삶이다. 캠벨은 블리스에 대해 이렇게 말한다.

육체적인 차원에서의 우리 삶은 어쩌다 우리의 내적인 존재와 바로 지금 이곳에서 공명할 때가 있습니다. 이때 우리는 살아 있음의 황홀을 느끼게 되지요. 우리가 궁극적으로 지향하는 것, 어떤 실마리의 도움을 받아 우리가 우리 안에서 찾아야 할 것은 바로 살아 있음의 황홀이랍니다. 행복을 찾으려면 행복하다고 느껴지는 순간을 유심히 관찰하고 그것을 기억해 두어야 합니다. 내가 여기서 〈행복〉하다고 하는 것은 들떠서 행복한 상태, 흥분해서 행복한 상태를 말하는 게 아니에요. 진짜 행복한 상태, 그윽한 공명의 상태를 말합니다.

이러한 공명(共鳴) 상태의 가장 큰 특징은 몰입이다. 대다수의 인디 워커는 자신의 몰입 경험을 분석함으로써 천직에 대한 결정적 단서를 발견한다. 몰입 전문가 칙센트미하이는 사람은 타고난 흥미와 결이 맞고 자신의 능력과 깊이 연동되는 활동을 할 때 몰입을 경험한다고 말한다. 뭔가에 몰입할 때 우리는 시간을 정확하게 인식하지 못한다. 몰입 중에 시간은 빠르게 가기도 하고 느리게 가기도 한다. 글쓰기에 몰두한 작가는 하루를 한 시간처럼 느끼기도 하고, 경기에 열중한 야구 선수는 투수의 공이 아주 느리게 날아오는 것 같았다고 말한다. 요컨대 몰입의 시간은 일상의 시간 흐름과 아주 다르다.

몰입의 또 다른 특징은 자아 의식의 상실이다. 몰입하는 과정에서 〈나〉라는 느낌은 사라진다. 피카소가 말한 〈화가는 사라지고 그림 그리는 행위만 남는〉 경험, 니진스키가 말한 〈춤꾼은 사라지고 오직 춤만 남는〉 경지이다. 몰입하여 자아가 사라진 만큼 여백이 생긴다. 이 여백은 그저 빈 것이 아니라 가능성으로 채워진다. 법정 스님은 이러한 상태를 〈텅 빈 충만〉으로 표현한 바 있다. 마음을 비우면 오묘한 일이 일어난다는 진공묘유(眞空妙有) 역시 같은 맥락이다. 심리학자 에이브러햄 매슬로는 〈절정 경험peak experience〉이라 불렀으며, 이를 체험하는 동안에는 모든 사람이 자기를 실현하는 사람이 된다고 보았다.

몰입 속에 잠재력이 배태되어 있다. 그러므로 묻고 또 물어야 한다. 내가 몰입하는 것은 무엇인가? 스스로를 잊어버린 채 무언가에 선명히 집중하는 때는 언제인가? 죽기 전에 꼭 해보고 싶은 것은 무엇인가? 아직 해본 적은 없지만 괜히 마음을 잡아끄는 것은 무엇인가? 열 개에서 스무 개쯤 목록을 적어 보라.

목록을 작성하고 나면 어떤 줄기나 흐름이 보일 것이다. 예컨대 나(승오)는 TV를 거의 보지 않지만(집에 TV가 없다) 유일하게 핸드폰으로 챙겨 보는 프로그램이 있다. 「김병만의 정글의 법칙」이다. 2011년 시작된 이래 단 한 편도 거르지 않고 보았다. 왜 그 프로그램이 그리 좋을까? 돌아보면 어린 시절 가장 좋아했던 소설은 『로빈슨 크루소』나 『15소년 표류기』였고, 영화도 「캐스트 어웨이」 같은 생존 영화를 좋아했다. 게다가 내가 지금까지 즐기는 취미 생활은 요리, 목공, 캠핑, 낚시다. 나는 자립에 대한 목마름이 있었던 것일까? 그래서 결국 1인 기업으로 독립하게 되었는지도 모르겠다. 이처럼 원하는 것들의 목록을 작성하다 보면 그 속에 희미하게 내포된 자신의 방향성을 읽을 수 있다.

지금 종이 한 장을 꺼내 하고 싶은 일들을 작성해 보자. 과거에 몰입했던 장면들과 가슴 뛰게 했던 것들을 가능한 한 많이 떠올려 보라. 아래 질문들이 도움이 될 것이다.

- 당신은 무엇을 할 때 살아있음을 느끼는가? 당신의 영혼을 풍성하게 해주는 특별한 경험은 무엇인가? 별다른 이유 없이 예전부터 꼭 한 번 해보고 싶었던 일은 무엇인가?

- 어떤 공간에 있을 때 충만감을 느끼는가? 지금껏 가장 큰 감동을 준 여행지는 어디였으며, 그곳이 왜 그토록 좋았는가? 가장 가보고 싶은 나라와 도시는 어디인가?

- 당신의 주의를 잡아끄는 사물은 무엇인가? 어떤 것을 가졌을 때 행복한가? 미래에 꼭 소유하고 싶은 것은 무엇이며, 왜 그것이 중요한가? 당신은 주로 어떤 물건에 끌리며, 특히 그 물건의 어떤 특성에 끌리는가?

- 직접 만났거나 책이나 영화, TV 등을 통해 간접적으로 알게 된 사람 중 끌렸던 사람은 누구인가? 그 사람의 어떤 부

분이 인상적이었는가? 그 인물의 특징 가운데 구체적으로 어떤 것을 닮고 싶은가?

아마 처음에는 질문에 답하기가 쉽지 않을 것이다. 칙센트미하이는 몰입을 방해하는 걸림돌로 지나친 완벽주의와 자기 회의, 두려움과 자기 검열을 꼽았다. 해결책은 단순하다. 위 질문들에 답할 때만큼은 이 모든 걸 무시하면 된다. 만약 당신이 억만장자이고 불사(不死)의 몸이라면 무엇을 해보고 싶은가? 아무 장애물도 존재하지 않는다고 가정하고 모두 쏟아내는 게 중요하다. 하나둘 장면이 떠오르기 시작하고 이내 가속도가 붙을 것이다.

어쩌면 이런 의문이 들지 모른다. 사람들이 원하는 건 거의 비슷하지 않을까? 10년 넘게 수백 명의 사람들의 꿈의 목록을 작성하는 작업을 도운 경험에서 말하자면, 그렇지 않다. 정말이지 우리 내면 심층에 자리한 꿈들은 모두 다르고 아주 다양하다. 우리 두 저자가 진행하는 교육 프로그램에는 수강생들이 자신의 진짜 꿈을 골라내어 발표하는 시간이 있는데 그때마다 〈우리가 이렇게 서로 다른 줄 몰랐다〉고 눈을 반짝이며 놀라워한다. 꿈은 마음의 지문처럼 개인마다 고유하고 구체적이다.

나는 창을 열면 바다가 보이는 곳에 살고 싶다. 햇살이 포근하게 안착하는 거실과 책으로 둘러싸인 서재 하나, 서너 평의

채소밭이 있다면 금상첨화다. 아이들이 부모의 곁을 멀리하기 전까지는 일 년에 한 달 정도는 함께 여행하며 낯선 곳에서 살고 싶다. 좋은 책을 읽었을 때의 밤사이의 두근거림을 사랑하며, 글 쓸 때 찾아오는 〈뽕맛〉에 전율한다. 요리하고 있을 때의 몰입감이 좋고, 누군가 맛있게 먹어 줄 때 행복을 느낀다. 언젠가 아이들이 독립하면 고갱이나 소로가 그랬듯 숲이나 작은 섬으로 들어가 책을 읽고 글을 쓰고 낚시와 요리를 하며 몇 달간 홀로 지내고 싶다.

삶은 구체적인 것이다. 그리고 그 작고 구체적인 것에서 위대함이 시작된다. 신은 세부적인 것 속에 있다. 그러므로 꿈에 신성(神性)을 불어넣고 싶다면, 꿈을 구체적으로 적어야 한다. 그저 〈영화 볼 때 행복하다〉고 하기보단, 〈「밀리언 달러 베이비」, 「신데렐라 맨」 같은 인간 승리 영화를 보고 친구와 밤새 이야기할 때〉라고 자세히 묘사해 보라. 그때의 희열감이 살아나며 비슷한 사례들이 연달아 떠오를 것이다. 가능한 한 많은 장면들을 묘사해 보자.

이 장면들이 당신 미래가 갈무리되어 있는 꿈 씨앗이다. 가장 먼저 우리가 할 일은 부지런히 씨앗을 모으는 것이다. 내게 희열을 선사했던 순간들, 나를 살아 숨 쉬게 하는 순간들을 찾아보고 적어 본다. 다음 순서는 이렇게 모은 씨앗들 중에서 껍질만 있고 속이 빈 쭉정이를 골라내어 가장 나답고 알찬 씨앗만 남기는 것이다.

욕망이 아닌 소망을 따르라

산업 사회는 소외되는 인간을 양산했다. 여기서 소외는 타인으로부터 멀어지는 사회적 소외가 아니라 자기 자신으로부터 멀어지는 존재적 소외다. 대다수는 〈대중 속에서 대충 묻어서〉 살아간다. 철학자 마르틴 하이데거는 자기다움을 잃어버린 현대인들의 상태를 〈비본래적 실존〉이라 불렀다. 비본래적으로 실존할 때 대화는 소음과 잡담이 주를 이루고, 시선은 끊임없이 세상과 타인을 향하며, 마음의 풍경은 흐릿하고 산만하다. 자신에 대해 진지하게 숙고하지 않다 보니 자기가 진정 원하는 것이 무엇인지 모른다.

부서질 듯 부실한 껍데기 같은 존재, 생기가 돌지 않는 황무지 같은 삶에서 어떻게 벗어날 수 있을까? 하이데거는 파격적인 해법을 제시하는데 바로 〈죽음〉이다. 죽음이라는 극단적인 한계 상황을 자각함으로써 자신의 가장 고유한 존재를 회복할 수 있다는 통찰이다. 왜 하필 죽음일까? 죽음은 나에게 일어날 가장 확실한 사건이기 때문이다. 우리는 물리적으로 죽음을 극복할 수 없다. 죽음을 통해 삶의 시간성(일회성)을 자각하는 순간, 외부에서 부과된 〈비본래적 자기〉는 떨어져 나가고 가장 나다운 것, 삶의 골수만 남는다. 게다가 죽음은 철저히 나만의 것이다. 누구도 내 죽음에 관여할 수 없기에, 죽음을 통해 타인의 시선과 속박에서 자유로울 수 있다. 이때 사람은 내면 깊이 묻혀 있던 진실한 욕구를 포착할 수 있다.

세상에는 두 종류의 꿈이 있다. 하나는 소망이고 다른 하나는 욕망이다. 소망의 바탕은 내면에서 비롯된 본래적 자기에 있고, 욕망의 기반은 외부에서 밀려들어온 비본래적 자기에 있다. 욕망은 사회적으로 만들어진 〈원트want〉를 기반으로 한다. 많은 이들이 가지고 싶어 하는 것을 나도 가지고 싶어 하는 마음과 비슷하다. 많은 이들이 남과 비교하면서 이것도 가져야지, 저것도 가져야지 하면서 끝없는 욕망의 사이클을 돈다. 반면 소망은 지극히 개인적인 〈라이크like〉를 기반으로 하며, 남과의 비교가 아닌 자신만의 내밀한 즐거움에 집중하는 것이다. 직장인은 승진과 연봉 등의 일반적인 욕망에 집착하지만, 인디 워커는 일에서 느껴지는 만족감, 즉 소망에 집중한다. 욕망과 소망을 어떻게 구분할 수 있을까? 하이데거의 이론을 적용하면 간단하다. 소망과 욕망을 죽음 앞에 가져가 보는 것이다. 죽음 앞에서 요란한 욕망들은 벗겨지고 가장 본질적인 소망만 남게 된다.

이렇게 상상해 보자. 당신은 희귀한 불치병에 걸렸다. 의사는 나지막한 목소리로 이 병의 기대 수명이 꽤 정확하며, 앞으로 5년 후에 예외 없이 죽게 될 것임을 알린다. 그러니까 당신은 5년 후의 오늘 날짜 즈음에 영면하게 된다. 5년. 주변 정리만 하기엔 너무 긴 시간이다. 그렇다고 여행만 하며 돌아다니기엔 너무 피곤한 노릇이다. 길지도 짧지도 않은 5년을 당신은 어떻게 보내겠는가?

이제 앞서 적은 꿈 씨앗들을 살펴보자. 5년 후에 죽는다고 해도 그 씨앗을 심겠는가? 만약 당신의 꿈 씨앗이 파란 창공에서 스카이다이빙을 하는 것이라면, 5년 후 죽는다는 소식을 들었을 때에도 그걸 여전히 원하는지 물어보라. 답은 둘 중 하나다. 〈5년 후에 죽는데 스카이다이빙이 무슨 의미가 있어? 가족과 시간을 보내고 여행을 떠나는 게 더 소중해〉 하는 생각이 든다면 그것은 가짜 씨앗, 즉 욕망이다. 그러나 정반대의 생각을 하게 될 수도 있다. 〈5년 후에 죽는다고? 그렇다면 죽기 전에 스카이다이빙은 꼭 해보고 싶어〉라는 외침이 들린다면 그것은 본질적인 꿈, 즉 소망에 가깝다. 이렇듯 죽음 앞에서 퇴색하는지 여부에 따라 욕망과 소망이 갈린다.

소망은 과정 중심적이다. 그 일을 하는 행위 자체가 좋은 것이며, 설렘과 기쁨이 늘 따라다닌다. 소망은 우리를 아침 일찍 일어나게 하고 밤에 잠드는 걸 미루게 만든다. 여행의 목적이 최종 도착지가 아닌 여정 그 자체인 것과 같다. 과정에서 이미 충분한 보상을 얻었기에 결과에 크게 연연하지 않는다. 반면 욕망은 일의 마지막에 얻게 되는 성과를 중요시한다. 그러다 보니 성취할 때까지 기쁨은 유보된다. 〈이것만 이루고 나면〉이라는 자세가 현재의 순수한 즐거움을 앗아가기 때문이다. 결과가 가장 중요하기에 반칙이나 편법의 유혹에도 쉽게 흔들린다. 〈5년 후의 확실한 죽음〉은 삶에서 얻는 모든 성과를 허물어뜨리는 대신 하루하루 과정의 즐거움에 집중하도록 이끈다. 그러므로 죽음을 통해 쭉정이와 진짜 씨앗을 구분할 수 있는 것이다.

욕망의 세 가지 유형을 걸러 내라

비본래적 욕망에는 몇 가지 유형이 있는데 그중 하나가 〈유사(類似) 소망〉이다. 언뜻 보면 소망 같지만 실제로는 외부의 누군가를 흉내 내려는 모방성이 강한 욕망이다. 서태지의 골수 팬이었던 대학 시절 내 친구는 「프리스타일」이라는 뮤직비디오에서 서태지가 스노보드 타는 모습을 보고 매료되어, 학교를 휴학하고 아르바이트를 하며 스노보드를 배웠다. 몇 달간 모은 알바비를 모두 고가의 장비를 사는 데 쓸 만큼 열성적이었다. 그런데 훗날 그는 〈내가 진짜로 원했던 건 스노보드를 타는 게 아니라 스노보드를 타는 서태지를 흉내 내는 것이었다〉고 고백했다. 물론 모든 〈흉내〉가 다 유사 욕망은 아니다. 자신이 원하는 게 특정 한두 사람의 영향인지 잘 살펴볼 필요가 있다. 서태지뿐만 아니라 많은 스노보더의 모습에서 가슴이 뛰었다면 모방 수준이 아닌 그 실체에 매료된 것이니 소망일 가능성이 크다.

두 번째 유형은 〈무대 위〉만 보는 꿈이다. 이는 아이돌을 꿈꾸면서 무대에 서기까지의 치열한 연습과 무명 시절에는 관심이 전혀 없는 십대 청소년의 경우와 흡사하다. 무대 위의 화려한 모습만 보고 무대 뒤에서 흘려야 하는 땀과 눈물은 보지 않는 유아적인 동경이다. CEO나 정치인, 유명 강사나 작가 등 주로 명예와 관련된 꿈들이 주로 이 유형에 속한다. 이런 욕망을 가진 사람은 마땅히 치러야 하는 노력과 과정을 무시한 채 자신이 누리게 될 혜택만을 동경한다. CEO가 되는 데 필요한 치열한 과정과 준비 작업이 아니라 성공한 CEO로서의 유명세와 영향력, 연봉에 초점을 맞춘다. 더 번듯하고 유리한 조건을 찾아 철새처럼 이동하는 직장인 역시 예외는 아니다. 이들은 끊임없이 자신의 이력을 부풀린다.

거짓 꿈의 마지막 유형은 두려움 때문에 무언가에 〈집착하는 욕망〉이다. 특히 과거에 부족했던 경험에 대한 보상 심리로서 뭔가를 원한다고 믿는 경우, 이 집착은 중독처럼 쉽게 떨치기 어렵다. 어릴적 집안이 찢어지게 가난했다고 느끼는 이는 돈에 대한 욕망을 쉽게 버리지 못한다. 학창 시절 겪은 왕따의 경험 때문에 부탁을 거절하지 못하는 〈예스맨〉이 되기도 한다. 모두 두려움에 중독된 경우다. 그러나 결핍이 채워진다고 해서 행복이 보장되는 것은 아니다. 돈이 부족하면 불행하지만, 돈이 많아질수록 행복이 무한히 증가하지는 않는다는 것이 경제학의 〈한계효용 체감의 법칙〉이다. 친구의 숫자 역시 마찬가지다. 이 법칙의 유일한 예외는 〈중독〉된 경우다. 게임 중독과 마찬가지로 돈과 친구를 끊임없이 원하는 이들은 자신이 과거의 불행에 중독되어 있는 건 아닌지 되돌아봐야 한다.

꿈 씨앗들을 모두 펼쳐놓고 일련의 질문을 통해 걸러 보라.

1. 지속성: 아주 오랫동안 가슴에 품을 만한 것인가?
2. 독립성: 특정 한두 사람의 영향을 받은 꿈은 아닌가?
3. 진실성: 단지 누리게 될 혜택만을 바라보고 있지는 않은가?
4. 중독성: 지금 부족하기 때문에 원한다고 믿는 것은 아닌가?

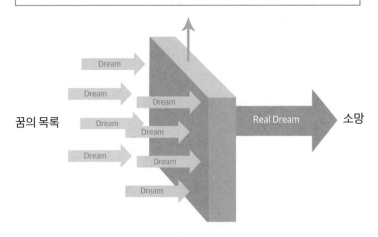

그림 10. 꿈 목록에서 욕망을 걸러 내기

5년 후에 죽어도 나는 그것을 원할까? 누군가를 단지 흉내 내고 있는 건 아닌가? 무대 위의 화려함이나 과거의 불행에 집착하고 있는 것은 아닌가? 이 질문들이 소망과 욕망을 구분하는 지혜를 줄 것이다. 이는 키질을 하는 것과 같아서, 낱알을 키에 넣고 까불러서 껍질뿐인 쭉정이와 외부에서 들어온 티끌, 검부러기 등을 날리면 그 속에 진짜 씨앗들만 남게 된다. 가을에 풍성한 수확을 얻으려면 먼저 튼실한 씨앗부터 골라내야 한다.

소망을 이루기 위해서는 소망의 발견과 함께 절제도 필요하다. 진정한 소망을 다른 욕망들로부터 지켜내기 위한 절도 말이다. 절제는 역설적이게도 자유의 다른 말이기도 하다. 심사숙고하여 소원을 선택하고 나면 그 밖의 무수한 욕망들로부터 자유로워질 수 있다. 이것은 선택이며 그 밖의 것들은 비우는 것이다. 욕망이 아닌 소망에 집중할 때 우리는 하고 싶은 것을 하며 살아갈 용기를 가질 수 있으며, 하루하루를 자신만의 특별한 여정으로 채워 나갈 수 있다. 이때에 비로소 삶은 〈풀어야 할 숙제〉가 아니라 〈경험해야 할 신비〉로 변모한다.

재능, 나는 무엇을 잘할 수 있는가?

인디 워커들은 자신만의 재능을 발견하고 심화하여 자립적으로 일한다. 반면 월급쟁이는 자신의 재능보다는 약점을 보완하려고 한다. 특별한 재능이 없다고 믿기 때문이다. 그러나 재능이 없는 사람은 없다. 재능이란 〈생산적으로 활용할 수 있는 사고와 감정과 행동의 반복적 패턴〉이기 때문이다. 우리 모두 눈, 코, 입을 가지고 있듯이 생각하고 느끼고 행동하는 자신만의 방식을 가지고 있으며, 모두의 얼굴이 다른 것처럼 우리도 각자 고유한 재능을 가지고 있다. 그런데 재능이라는 단어에 사람들이 갖는 거부감이 있다. 10대 시절에 논했어야 마땅한, 지금 알게 된다 해도 돌아가기엔 너무 늦은 듯한 불편함이다. 이런 거부감은 사실 재능에 대한 몇 가지 오해에서 기인한다. 재능을 발견하는 방법을 알아보기에 앞서 이 오해들부터 풀어

보도록 하자. 이 과정을 통해 재능에 관한 이해도 자연스레 넓힐 수 있다.

재능에 관한 4가지 오해

사람들이 재능에 대해 갖는 오해는 크게 네 가지다. 첫 번째 오해는 재능을 선택된 소수만이 받는 〈신으로부터의 선물〉로 여기는 것이다. 「굿 윌 헌팅」이나 「어거스트 러쉬」 같은 영화 속 주인공들은 큰 노력 없이 재능을 뿜낸다. 마치 그 직업을 위해 태어난 사람처럼 수학적 난제를 쓱쓱 풀어내고 악보도 없이 환상적인 음악을 즉흥적으로 연주한다. 그러나 이것은 영화 속 이야기일 뿐 현실의 재능은 그렇게 거창하거나 완성된 형태가 아니다. 재능은 말 그대로 사고와 감정과 행동의 반복적 패턴일 뿐이다. 모든 재능은 뇌세포들을 연결하는 시냅스의 형태에 기반을 두고 있는데 누군가는 인간관계를 관장하는 뇌의 부위에 시냅스가 많고, 누군가는 논리·수학 영역에, 또는 언어와 관련된 부위에 시냅스 연결이 발달해 있다. 시간이 흐르며 뇌 신경망이 안정화됨에 따라 무의식적이라고 해도 좋을 만큼 자동적인 나만의 고유한 패턴이 생긴다.

예를 들어 보자. 당신을 포함해 친한 네 친구가 오랜만에 모였다. 모임 자리에서 친구들은 각자의 방식으로 생각하고 느끼고 행동하고 반응할 것이다. 먼저, 약속 장소에 30분 늦게 도착한 당신은 미안한 마음에 자신이 음료를 사야겠다고 생각한다. 한 친구는 어젯밤 풀지 못한 퀴즈 문제를 머릿속에서 풀고 있고, 또 다른 사람은 친구들을 빵 터뜨릴 재밌는 이야기를 구상하고 있다. 마지막으로 한 친구는 지난번 모임에서 벌어졌던 말다툼을 떠올리며 오늘은 논쟁의 불씨가 될 만한 일을 없게 해야겠다고 생각한다. 평범해 보이는 이 패턴이 반복적으로 나타난다면 재능이라 할 수 있다. 우리를 현혹하고 〈난 재능이 없어〉라고 지레 포기하게 하는 것은 흔히 영화나 언론을 통해 부풀려진 유명 인사들의 강점이지 재능이 아니다.

여기서 두 번째 오해가 등장한다. 많은 사람들이 〈재능talent〉과 〈강점strength〉을 같은 것으로 혼동한다. 재능과 강점은 밀접한 관련이 있지만 동일한 건 아니다. 나무에 비유하자면 강점은 꽃과 열매이고 재능은 씨앗이다. 강점의 정의는 재능 〈곱하기〉 노력(지식과 기술, 경험)이다. 즉, 재능이라는 씨앗을 적절한 환경과 노력으로 정성껏 키울 때 비로소 열매인 강점이 된다. 다만 씨앗 없이 자라는 나무가 없듯이 치열한 노력 이전에 재능부터 발견해야 한다.

일찍이 피터 드러커가 강조했듯이 크고 지속적인 성과는 강점에서 나온다. 직업적 전문성도 강점에 기반을 두고 있다. 강점은 우연히 형성되는 게 아니라 재능에 크게 의존한다. 토머스 에디슨의 명언 〈천재는 1퍼센트의 영감(재능)과 99퍼센트의 노력으로 이뤄진다〉는 말은 〈1퍼센트의 재능이 그만큼 중요하다〉는 의미이기도 하다. 강점은 고도로 계발된 재능이며, 강점을 확보하기 위해서는 재능부터 발견하고 키워야 한다.

세 번째 오해는 재능이 직업과 일대일로 매칭된다는 착각이다. 흔히 화가가 되기 위한 재능, 과학자 재능, 경영자 재능이 따로 있다고 생각하기 쉽다. 가령 작가가 되기 위해 〈글쓰기 재능〉이 필요하다고 생각하지만 사실 작가들의 글 쓰는 방식은 각기 다르다. 뛰어난 작가일수록 고유한 스타일이 두드러지며, 바로 그 점이 차별성이고 실력이다. 어떤 작가는 분석적이고, 또 어떤 작가는 감정이입을 잘하며, 생생한 묘사가 돋보이는 작가도 있다. 절묘한 은유로 마음으로 침투하는 작가가 있는가 하면 다양한 사례와 정보를 활용해 설득력이 높은 글을 쓰는 작가도 있다. 이렇게 다양한 글쓰기를 하나의 재능으로 묶을 수 있을까? 글쓰기는 하나의 재능으로 규정되지 않는다. 다시 말해 재능은 직업What을 결정하지 않고 다만 일하는 방식How을 결정할 뿐이다. 요점은 이것이다. 재능은 이전 가능해서 하나의 재능을 여러 활동과 역할에 두루 활용할 수 있다. 그러므로 〈난 이 직업에 재능이 없어〉라고 단정 내리는 건 섣부른 생각일 때가 많다. 아직 본인의 직업에서 자신만의 일하는 방식을 갖추지 못했을 뿐이다.

워런 버핏은 일반적으로 투자가에게 필요한 역량들, 즉 빠른 의사 결정, 경영자 평가, 트렌드 파악 등과는 정반대의 기질을 가졌다. 그는 변화에 느렸으며 사실적 사고를 하고 사람을 잘 믿는 편이었다. 투자에 가장 어울리지 않을 것 같은 기질의 그가 그토록 성공적이었던 이유는 무엇일까? 그는 자신의 성격을 개조하거나 직업을 바꾸는 대신, 일하는 방식을 자기답게 바꿨다. 느긋한 성품이었기에 투자한 돈을 20년간 기다릴 수 있었고, 주변인들의 평가와 신중한 관찰을 통해 경영진을 분석한 후 믿을 만한 사람이다 싶으면 경영에 간섭하지 않았다. 또한 트렌드 전망보다 사실적 사고에 능해서 이른바 〈뜨는〉 사업이나 기업이 아닌 본인이 잘 아는 분야에 집중적으로 투자했다. 심지어 최신의 정교한 금융 투자 모델을 활용하지 않고 50년 넘게 기본적인 재무제표 분석을 고수했다. 이렇게 그다운 투자 방식이 버핏이 세계 최고의 투자가가 되는 원동력이었다. 이처럼 재능을 통해 직업을 바꾸는 대신 일하는 방식과 전략을 바꿈으로써 탁월해질 수 있다.

　마지막 오해는 〈재능이 있다면 일찍 발견되었을 것〉이라는 생각이다. 이것은 예술이나 스포츠 분야에서 활동하는 신동들의 영향이 적지 않다. TV 속 놀라운 신동들은 늘 우리의 탄성을 자아내는 동시에 기를 죽인다. 실제로 〈축구의 신〉 리오넬 메시를 비롯한 많은 스포츠 영재들이 어릴 적에 발굴되어 스타 플레이어로 키워진다. 상황이 이렇다 보니 많은 이들이 〈성인이 된 지금까지 발견하지 못했으니 내겐 재능이 없다〉라고 결론 내린다. 그러나 잘 살펴보면 대다수의 신동들이 한쪽 분야에 치우쳐 있음을 알 수 있다. 〈사고, 감정, 행동의 패턴〉 중에서 신동들은 주로 행동의 패턴, 즉 스포츠와 예술 분야에 국한된다. 이러한 분야의 재능은 몸을 사용하거나 작품의 형태로 쉽게 드러나기에 타인과 비교하기가 쉽다. 반면 〈생각과 감정〉의 패턴은 비교가 어렵다. 기본적으로 두뇌 속에서 일어나기 때문이다. 구체적인 과정을 눈으로 볼 수 없고, 타인과 비교해 볼 수 없으니 대부분의 경우 〈남들도 이 정도는 할 것〉이라 지레짐작하고 대수롭지 않게 여긴다.

나(승오)는 요리를 할 때면 어떤 재료를 어디에서 사고 어떻게 조리할지 그 순서가 자연스레 머릿속에 그려진다. 처음에는 이것이 재능인 줄 몰랐다. 내게는 대단할 것 없는 패턴이어서 누구나 그렇게 하리라 여겼다. 게다가 미리 요리 순서가 그려지는 게 뭐 그리 대단한 재능이겠는가? 그런데 조금씩 남과 다르다는 것을 깨닫기 시작하면서 별것 아니라 여긴 이 패턴에 집중하자 다른 분야에서도 활용할 수 있게 되었다. 예컨대 어떤 주제에 대한 강연이나 원고를 청탁받으면 전화를 끊자마자 머릿속에 관련 내용이 연결고리를 만들며 빠르게 윤곽을 잡아나간다. 덕분에 내 강연과 글은 〈흐름이 좋다〉는 평을 듣는다.

이 네 가지 오해가 복잡하게 얽혀 많은 이들이 〈직업에 바로 쓸 수 있는 재능이 내게 없다〉는 결론에 이른다. 재능을 과대평가하면서 상대적으로 자신은 과소평가하는 것이다. 그래서 다음에 소개할 재능 발견 도구가 중요하다. 특히 재능에 대해 탐색해 본 경험이 없다면 전문 검사 도구를 적극 활용할 필요가 있다. 공인된 검사는 재능을 빠르게 탐색하도록 도와주고, 무엇보다 몇백만 명의 데이터를 바탕으로 〈객관성〉을 부여해 준다.

재능 발견을 도와주는 전문 검사들

가장 대표적인 재능 검사는 〈클리프턴 스트렝스 파인더 Clifton Strengths Finder〉이다. 세계적인 리서치 회사인 갤럽은 30년 넘게 다양한 직종에 종사하는 직장인 500만 명을 인터뷰한 결과를 바탕으로 스트렝스 파인더를 개발했다. 검사 방법은 간단하다. 웹 사이트 strengthsfinder.com에서 ID 코드를 구매하거나 관련 도서를 사서 검사하면 된다. 스트렝스 파인더는 재능을 34개로 분류해 놓았는데, 검사를 받으면 강점이 될 가능성이 높은 5개의 재능을 강점 테마(의사소통, 공감, 전략, 분석 등)라는 용어로 제시하고 그에 대한 설명을 보고서 형태로 보여 준다. 다만 이 결과는 〈강점 발견〉이라는 이름과 다르게 강점이 아닌 재능임에 유의하자. 나의 강점이 아닌 내가 반복적으로 보이는 개별적 특성 가운데 가장 뚜렷하고 빈도가 잦은 패턴 5가지를 보여 준다는 말이다.

MBTI 역시 유용한 도구다. 심리학자 카를 융의 심리유형론을 근거로 만들어진 도구로서, 스트레스 파인더보다 폭넓은 관점에서 한 사람을 살펴본다. MBTI는 외향-내향, 감각-직관 등 대극에 위치한 두 가지의 성향으로 성격을 분류하는 방식이어서, 타인을 이해하고 포용하는 데도 도움이 된다. 또한 50년 넘게 전 세계 수백 만 명의 데이터를 확보하고, 성격과 직업 선호도 등의 관련 연구도 활발히 진행되어 있어 커리어 개발에 참고하기 좋다.

이 밖에 다중지능, 태니지먼트tanagement 강점 검사, 애니어그램, 교류분석(TA) 등 재능 발견에 활용할 수 있는 다양한 도구들이 존재한다. 물론 인터넷에 떠도는 출처 불명의 검사는 피하는 게 좋다. 신뢰할 수 없기 때문이다. 또한 오랜 연구로 검증된 도구나 검사라 하더라도 각각의 장단점이 있다. 스트레스 파인더는 다양한 직무를 오랫동안 연구하여 나온 검사인 만큼 직장인에게 특화되어 있고, 재능을 지칭하는 단어도 매우 구체적이다. 다만 34가지 재능 목록에 신체, 공간, 자연 등과 관련된 재능이 빠져 있어서 인간의 재능을 온전히 보여 주지 못하며, 사무직과 지식 근로자에게 적합한 검사라 볼 수 있다. MBTI는 한 사람을 〈성격〉이라는 포괄적인 관점에서 보기에 나에 대한 전반적인 정보를 얻을 수 있지만, 용어와 개념이 이해하기 다소 어렵고 재능을 직접적으로 알려 주지는 않는다. 그래서 MBTI는 검사 이후 전문가 상담을 진행하거나 스스로 심층 분석을 하는 과정이 꼭 필요하다. 어떤 도구를 활용하건 그 특성을 이해하고 보완할 필요가 있다.

재능 검사 100퍼센트 활용하기

전문 검사 도구는 객관성을 확보할 수 있다는 점 외에도 검사하기 편리하고 즉각 답을 얻을 수 있다는 장점이 있다. 20년 전만 해도 이런 도구가 거의 없었고 널리 알려지지도 않았다. 이제는 저렴한 비용으로 누구든 자세한 분석 결과를 받을 수 있다. 실제로 많은 직장인들이 MBTI 등의 심리 검사를 접한다. 그런데 예전에 검사를 받은 사람들에게 자신의 재능을 3분 정도만 설명해 보라고 하면 대부분 머뭇거린다. 심지어 검사 결과를 기억하지 못하는 경우도 적지 않다. 설명할 수 없다는 건 지금 그걸 활용하고 있지 않음을 반증한다. 전문 검사 도구들이 갖는 가장 큰 단점이다. 검사를 수동적으로 받기만 해서는 자신의 것으로 내면화하거나 활용할 수 없다. 검사 결과를 해석하는 것과, 현실에 적용하는 건 다른 차원의 문제이다.

〈검사 결과 따로, 내 인생 따로〉 같은 현실 적용 실패를 방지하려면 그 재능과 관련한 자신의 경험을 추출해야 한다. 가령 스트렝스 파인더 검사를 했다면 〈대표 테마 리포트〉를 프린트

해서 꼼꼼하게 읽으며 자신을 잘 설명하는 부분에 밑줄을 친다. 특히 족집게처럼 나를 잘 표현한 문장에는 밑줄과 함께 별표를 한다. 왜 이 설명이 와닿는 것일까? 필시 관련 경험이 있기 때문이다. 만약 〈물건을 수집한다〉라는 문장에 밑줄을 그었다면, 예전에 우표나 동전, 잠언 등을 수집한 경험이 있을지도 모른다. 그 장면을 밑줄 옆에 간단히 메모한다. 처음부터 크고 대단한 사례를 찾으려 하기보다는 작고 구체적인 경험들을 적으면 된다. 이런 식으로 보고서를 두세 번 더 읽고 마지막에 이 메모

Input / 탐구심

우표 수집, 다이어리 메모

당신은 탐구적입니다. 당신은 물건들을 수집합니다. 단어나 사실들, 책 또는 인용문 등 정보를 수집할 수도 있습니다. 아니면 나비나 야구 카드, 인형이나 옛날 우표와 같은 물건들을 수집할 수도 있습니다. 무엇을 수집하든, 그것은 흥미를 느끼기 때문입니다. 그리고 당신은 수많은 것들로부터 흥미로움을 찾아낼 수 있는 그런 종류의 지성을 가지고 있습니다. 세상은 바로 그 무한한 다양성과 복합성 때문에 흥미롭습니다. 당신이 책을 굉장히 많이 읽는다면, 그것은 꼭 당신의 이론들을 더 세련되게 다듬기 위한 것이라기보다는, 자료 보관소에 더 많은 정보를 넣어두기 위해서입니다. 혹시 여행을 좋아한다면, 이것은 각각의 새

1년 50권 이상 독서

15년간 업무 자료 폴더별 정리(2.5GB)

그림 11. 스트렝스 파인더의 리포트 활용 예시

들을 훑어보면 거기에 어떤 일관성이 있음을 확인하게 될 것이다.

이렇게 밑줄을 긋고 사례를 정리하는 작업을 통해 재능이 분명해진다. 밑줄이 얼마나 많은지 보면 해당 재능이 본인을 얼마나 잘 설명하고 있는지 바로 알 수 있고, 사례의 양과 질을 통해 재능의 계발 정도도 가늠할 수 있다. 어떤 재능에 메모한 사례가 많다면 그 재능은 이미 강점으로 계발했다는 증거이다. 그에 비해 어떤 재능에 밑줄은 많지만 사례를 찾기 어렵다면, 그 재능은 아직 강점 수준이 아니라는 의미이다. 반면 어떤 재능은 밑줄도 거의 없고 사례도 도무지 찾기 어려운 경우가 있다. 이런 경우 보통 〈이건 내 재능이 아닌 것 같다〉거나 〈실수해서 검사가 잘못 나왔다〉고 생각하고 실제로 다시 검사를 하는 경우도 있는데, 대부분 같은 결과가 나온다. 검사 오류라기보다는 본인 재능을 자각하지 못하고 있을 가능성이 짙다. 이때는 그 재능이 내게 없다고 속단하지 말고 스스로를 깊이 탐색하는 계기로 삼아 보자.

재능 검사는 유용한 도구다. 하지만 아무리 훌륭한 검사라 하더라도 이것만으로는 재능을 확실하게 발견하기 어렵다. 이런 종류의 검사는 간단한 문장으로 된 표준 질문지에 응답하는 방식이어서 우리 각자의 복잡한 내면을 온전히 반영할 수 없다. 그러므로 검사 도구를 맹신하거나 검사 결과가 모두 정답이라고 단정 지어서는 안 된다. 검사 결과를 앞에 두고 자신의 현재 모습과 과거 경험을 살펴보고 재해석하는 과정을 꼭 거쳐야 한다.

재능을 어떻게 심화할 것인가?

과학 기술의 발전과 함께 재능을 발견하는 도구도 발전해 왔다. 앞에서 소개한 스트렝스 파인더가 대표적이다. 30분이면 온라인에서 검사를 마칠 수 있고, 재능을 자세히 알려 주는 해석지도 바로 받아 볼 수 있다. 이처럼 과거에 비해 재능을 발견하기가 수월해졌음에도 그때나 지금이나 자기 재능을 확실히 파악해서 활용하는 사람은 드물다.

갤럽에서 스트렝스 파인더의 개발을 주도한 마커스 버킹엄은 이렇게 말한다. 〈강점을 정확하게 알아내는 가장 좋은 방법은 자신의 실마리를 최대한 이용해서 자신의 행동과 감정을 시간을 두고 관찰하는 것이다. 어떤 검사나 앙케트도 이 방법보다 훌륭할 순 없다.〉 재능 검사를 개발한 전문가조차 〈검사보다 자기 관찰〉이 중요하다고 강조한다. 자기 관찰은 특별한 지식이나 기술을 필요로 하지 않는다. 과거 경험을 살펴보면서 재능이라 할 만한 것들을 찾아내면 된다. 이런 기본적인 접근법이 효과가 큰 이유는 어떤 재능이든 다른 어디가 아닌 자기 안에 있기 때문이다. 하지만 버킹엄이 말했듯이 자기 관찰에는 오랜 시간이 걸린다는 단점이 있다. 다행히도 이 둘(검사 도구와 자기 관찰)을 상호보완적으로 활용하는 아주 좋은 방법이 있다. 전문 검사를 통해 먼저 재능의 윤곽을 잡고, 관찰을 통해 세부 묘사를 직접 채워 넣는 것이다.

재능을 발견하는 3가지 실마리

자기 관찰의 포인트는 스스로에게 질문을 던지고 과거 경험을 살펴보면서 단서들을 기록하는 것이다. 이때 재능을 알려 주는 몇 가지 실마리를 활용할 수 있다. 구체적으로 자기 관찰을 어떻게 하는지 내(승완) 사례를 곁들여 살펴보자.

첫 번째는 학습 속도다. 남들보다 늦게 시작했지만 빠르게 일정 수준에 도달했다면 재능이 있다는 증거다. 학창 시절 성적이 좋았던 과목이나 상을 받은 활동을 떠올려 보자. 예를 들어 나는 고등학생일 때 국어 성적은 반에서 1~2등을 다퉜지만 수학 성적은 뒤에서 세는 게 훨씬 빨랐다. 같은 시간을 투자해도 국어는 공부할수록 잘했지만 수학은 그다지 효과가 없었다. 꼭 학교가 아니더라도 아르바이트나 봉사 활동, 직장 생활을 하며 학습 효율성이 높았던 일들을 찾아보고 떠오르는 대로 메모해 둔다.

두 번째는 타인의 칭찬이다. 지금까지 살아오면서 받은 긍정적 피드백이나 인정받은 일을 찾아본다. 특히 예기치 않게 들은 칭찬에 주목한다. 남들에게는 잘 보이지만 내가 미처 몰랐던 재능을 확인할 수 있기 때문이다. 친한 사람 몇 명에게 문자를 보내 〈나를 잘 설명하는 3~4개의 단어를 알려 달라〉고 요청해 보라. 예전에 나는 8명에게 이 문자를 보냈고, 그 단어들을 모아 공통점을 뽑아 보니 〈공감〉이라는 재능을 발견하게 되었다. 처음에는 공감이 재능이 될 수 있다고 생각하지 못했다. 다른 사람들도 당연히 다 그렇게 공감을 할 거라고 여겼기 때문이다. 지금은 이 재능을 강점으로 키워 글쓰기와 강의, 코칭 등 내가 하는 중요한 일에 적극 활용하고 있다.

세 번째 실마리는 성과다. 그동안의 경험에서 특별한 성취라고 할 만한 것들을 모으고, 그 성과를 낼 수 있었던 요인이 무엇인지 생각해 본다. 빛나는 성취 경험은 재능을 가리키는 가장 뚜렷한 표지판이다. 나는 초등학생 시절 글쓰기 대회에서 상을 받은 적이 있는데 그때까지 받은 거의 유일한 상이었다. 대학 시절에는 보고서로 평가하는 과목만큼은 최고 성적을 유지했고, 회사에서도 보고서를 잘 쓴다는 얘기를 종종 들었다.

흥미로운 점은 성취 경험뿐 아니라 실패 경험에서도 재능을 도출할 수 있다는 사실이다. 위기를 어떻게 극복했는지 그 원동력을 살펴보면 재능이 명확해진다. 나는 살면서 두 번의 큰 위기를 겪었다. 첫 위기는 20대 초반 급작스럽게 집안 경제 사정이 어려워진 것이었고, 두 번째는 30대 중반에 찾아온 우울증이었다. 두 위기의 내용은 서로 많이 달랐지만 극복할 수 있었던 힘은 동일했다. 위기를 〈나를 깊이 성찰하는 시기〉로 삼고 글로 남겼다는 점이다. 그때의 경험을 바탕으로 『나의 방식으로 세상을 여는 법』과 『위대한 멈춤』 두 권의 책을 출간할 수 있었다. 실제로 나는 다중지능 Multi Intelligence 검사에서 〈자기성찰 지능〉과 〈언어 지능〉이 매우 높게 나온다.

자기 관찰을 통해 재능을 찾을 때 기억해야 할 두 가지가 있다. 하나는 긍정성이다. 재능을 찾을 때는 스스로를 긍정적으로 바라봐야 한다. 보통 우리는 장점보다 약점에 민감하고, 약점을 더 잘 파악한다. 기질적으로 오류나 부족한 부분을 잘 포착하는 사람들도 있다. 그래도 재능을 발견할 때만큼은 자기 자신을 밝게 봐야 한다. 내게도 재능이 있다는 믿음과 재능을 찾아내겠다는 의지가 없으면 있는 재능도 찾을 수 없다.

둘째, 재능을 탐색할 때 외부 비교가 아닌 〈내부 비교〉를 해야 한다. 나의 재능을 다른 사람과 비교하지 않아야 한다는 말이다. 재능이 부족한 사람과 비교하면 자만하게 되고, 너무 뛰어난 사람과 비교하면 한없이 초라해진다. 둘 다 바람직하지 않다. 그보다는 내부 비교, 즉 내 안의 재능들 중에서 무엇이 가장 도드라지는지 비교하는 데 집중해야 한다.

재능 프로필, 재능에 관한 생생하고 명료한 그림

재능을 관찰할 때 다각도로 자신을 조망해 보는 것이 중요하다. 우리가 가진 재능은 입체적이어서 하나의 시각만으로 완전하게 형상화할 수 없다. 시간을 두고 자신을 여러 각도로 들여다보며 재능의 세부 묘사를 채워 넣는 과정이 꼭 필요한 이유

재능	긍정적 발휘 사례
전략	요리를 생각하면 머릿속에 순서도가 그려진다. 2008년 Sales Strategy Award 수상(미국 본사)
최상주의자	두 번째 책을 쓸 때 초고를 총 11번 고쳐 쓰고 탈고했다. 대학 시절 〈이틀에 한 번 자기 프로젝트〉 수행
관계자	변화경영연구소의 웨버weber 역할을 즐겁게 수행했다. 초등학교 시절 제일 친한 친구들과 여전히 가장 친하다.
자기확신	내 확신에 따라 전공을 버리고(?) 교육 일을 선택했다. 이직할 때 가장 중요한 가치들(성장, 자율성)을 포기하지 않았다.
초점	직장을 다니며 여섯 권의 책을 썼다. 〈한 번 하기로 한 건 꼭 해낸다〉는 친구들의 평

표 3. 재능별 긍정적인 사례 추출하기

다. 스스로 관찰하고 메모한 내용을 스트렝스 파인더 등의 재능 검사 결과와 매치시켜 보자. 두 작업 내용을 상호 비교하면서 어느 한 작업에서 두드러진 재능이 있는지 검토하고, 중복되는 부분은 하나로 통합한다. 복잡해 보일지 모르지만 실제로 해보면 단순한 작업이다. 이 과정을 통해 윤곽과 세부 묘사가 모두 채워진 재능에 관한 분명한 그림을 얻을 수 있다. 표 3을 참고하라.

여기에 더해 본인 재능을 〈별명〉으로 바꿔 부르는 것도 아주 좋은 방법이다. 예컨대 나는 요리를 하거나 글쓰기 전에 미리 순서도가 그려지는 재능을 〈전략〉이라는 단어에 가두지 않는다. 이 재능을 나는 〈인스턴트 시나리오 능력〉이라 부르는데, 여기에 인스턴트instant를 붙인 이유는 이 〈순서도(시나리오)〉가 즉각적으로 튀어나오고, 메모해 두지 않으면 금세 사라져 버리기 때문이다. 또한 〈깊은 관계 능력〉이라 별명 붙인 재능도 있는데, 이것은 스트렝스 파인더의 관계자relator와 MBTI의 〈내향〉을 조합한 재능이다. 언뜻 보기에 반대처럼 보이는 두 단어는 사실 나를 정확히 표현하고 있다. 나는 폭넓은 관계는 힘들어하지만, 한 번 맺은 인연을 오래 가깝게 유지하는 건 아주 잘하기 때문이다. 초등학교 친구들이 여전히 내 베스트 프렌드인 건 우연이 아니다.

이제 마지막 작업이 남아 있다. 지금까지의 과정을 바탕으로

인스턴트 시나리오 능력

의미 목표가 주어지면 일을 시작하기 전에 머릿속에 순서도가 그려지는 것. 무의식적으로 여러 시나리오를 탐색하며 대안을 모색한다.

사례 1) 요리할 때 가르쳐 주지 않아도 재료 순서가 그려진다.
2) 강의와 책을 쓸 때 어렵지 않게 Story Line을 그려 낸다.

깊은 관계 쌓기

의미 소수의 사람들과 깊이 있는 인간관계를 추구하며, 함께 배우고 성장하는 관계로 만들 수 있다.

사례 1) 변화경영연구소의 연구원 조교 역할을 즐겁게 수행했다.
2) 나침반 프로그램 제자들과 오랫동안 깊은 관계를 유지하고 있다.

표 4. 재능 프로필 예시

가장 자기다운 재능에 관한 프로필을 작성해야 한다. 〈재능 프로필〉은 표 4처럼 재능의 이름(별명)과 의미, 간단한 사례를 적어서 종합하는 것이다. 이때 재능 검사 해석지에서 밑줄 친 부분과 자기 관찰에서 메모한 내용, 지인들이 준 피드백을 참고한다. 의미와 함께 해당 재능을 가장 잘 보여 주는 사례 2개를 정리하면 명료해지고 설득력도 강해진다.

재능 프로필은 내가 특정 재능을 가지고 있다는 일종의 선언

이다. 동시에 실용적인 효과도 커서 처음에 충실히 정리해 두
면 재능의 의미를 분명히 하고 실제 업무에 적용하는 데도 큰
도움이 된다. 이직을 준비하며 자기 소개서를 작성하거나 면접
에서도 유용하게 활용할 수 있다. 재능 프로필은 1년에 한두 번
씩 표현을 다듬고 더 좋은 사례로 교체한다. 이 업데이트 작업
자체가 재능을 강점으로 계발하는 훌륭한 방법이다.

재능의 발견과 내면화는 한순간에 완성되는 게 아니라 시간
과 함께 조금씩 커지고 다듬어 가는 과정이다. 다시 말해 발견
한 재능을 심사숙고하면서 일상에 적용하고 정기적으로 검토
해야 한다. 이런 과정을 꾸준히 반복하면 어느새 재능이 내 안
에 녹아들어 든든한 조력자가 되어 줄 것이다. 재능을 발견하
고 키우는 것은 인디 워커의 가장 핵심적인 과업이다. 천재적
인 재능을 타고나지 못한 건 슬픈 일이 아니다. 재능을 찾지 않
고 활용하지 못하는 것이야말로 진정 슬픈 일이다.

직업 가치, 나는 왜 일하는가?

일Job이란 무엇인가? 일은 세 가지 의미를 지닌다. 첫째는 〈밥〉이다. 먹고살기 위해서 하는 활동이 일이다. 셰익스피어도 빵과 버터를 얻기 위해 글을 써야 했다. 두 번째 의미는 〈존재〉다. 사람은 일을 통해 잠재력을 개발하고 세상에 자기 존재를 표현하고 싶어 한다. 그저 먹고살기 위해 일을 해야 할 때 일은 고역이 된다. 〈출근할 때 영혼을 차에 두고 나온다〉거나 〈내 진짜 인생은 퇴근 후부터〉라고 말하는 이들에게 일은 품삯일 따름이다. 일의 세 번째 의미는 〈공헌〉이다. 모든 직업은 누군가의 필요를 충족시키기 위해 만들어졌다. 이 때문에 모든 직업에는 그 수혜자가 있으며 직업의 뿌리에는 도움이라는 요소가 들어 있다. 일을 통해 우리는 누군가를 돕고 세상을 조금이라도 더 나은 곳으로 만들고 싶어 한다.

천직이란 무엇인가

밥, 존재, 공헌은 직업의 본질적인 가치다. 물론 사람마다 이 세 가지에 대한 우선순위는 다르다. 가령 존재를 최우선으로 하고 밥을 두 번째로, 마지막으로 공헌을 중요시하는 사람이 있고, 밥과 존재보다 공헌을 가장 우선시하는 사람도 있다. 이 우선순위에 따라 커리어에 관한 의사 결정이 달라질 수 있다. 중요한 건 어떤 경우든 세 가지 중 하나라도 빠지면 직업 만족도가 높을 수 없다는 점이다.

고대 서양인들은 가장 무시무시한 벌 중 하나로 〈쓸모없고 헛된 노동〉을 꼽았다. 그리스 신화에 나오는 다나이드는 남편을 죽인 벌로 구멍 난 항아리에 물을 채우며 여생을 보내야 했다. 신들을 속인 시지포스는 지옥에서 큰 바위를 쉬지 않고 언덕 위로 밀어 올려야 하는 저주를 받았다. 바위가 언덕 정상에 도착하면 그 바위는 다시 굴러 떨어지고 다시 언덕 위로 올리는 과정이 반복된다. 소설가 알베르 카뮈는 〈노동을 하지 않으면 삶은 부패한다. 그러나 영혼 없는 노동은 삶을 질식시킨다〉고 말했다. 다나이드와 시지포스를 괴롭힌 건 의미의 상실이었다. 그들이 하는 일은 밥과 존재는 물론이고 공헌과도 아무런 상관이 없었다.

나에게 가장 잘 맞는 직업을 천직(天職)이라 부른다. 다르게 말하면 천직은 밥을 해결하고 존재를 빛나게 하고 세상에 공헌할 수 있는 직업이다. 그러므로 스스로에게 물어보아야 한다. 밥, 존재, 공헌, 세 가지 가운데 내가 가장 중시하는 의미는 무엇인 가? 한걸음 나아가 나는 직업을 통해 어떤 구체적인 가치를 추구 하고자 하는가?

스티브 잡스의 직업 가치

인디 워커는 자신만의 독특한 일의 철학을 가지고 있다. 일 례로 혁신의 아이콘으로 한 시대를 풍미했던 스티브 잡스는 직 원들에게 〈우리는 우주에 흔적을 남기기 위해 여기에 있다〉고 말하곤 했다. 잡스 자신이 추구한 〈흔적〉은 〈사람들이 동기에 충만해 위대한 제품을 만드는 영속적인 회사를 구축〉하는 것이 었다. 이를 위해 그는 몇 가지 원칙을 정했는데, 그 가운데 하나 가 〈예술가 정신〉이다. 〈진정한 예술가는 작품을 출하한다〉는 게 그의 신념이었다. 제품의 디자인과 기능은 물론이고 작은 부분 하나하나에도 완벽을 추구했으며, 심지어 고객들이 볼 일 도 없는 컴퓨터 내부의 회로 기판에도 같은 기준을 적용했다. 그는 입버릇처럼 〈훌륭한 목수는 아무도 보지 않는다고 해서 장롱 뒤쪽에 저급한 나무를 쓰지 않는다〉고 강조했다. 실제로 잡스는 매킨토시 시제품이 완성되었을 때 개발팀 45명의 서명 을 컴퓨터 내부에 새기도록 했다. 〈진정한 예술가들은 작품에 사인을 남긴다〉는 이유에서였다.

잡스는 이 원칙을 중요한 의사결정의 기준으로 삼았다. 그가 픽사Pixar를 인수했을 때 경영난이 심각해 예산 삭감을 단행해야 했다. 그때 애니메이션 팀의 존 래시터는 상황이 상황인지라 새로 기획한 단편 애니메이션을 소개하며 조심스럽게 입을 열었다. 그는 스토리보드를 펼쳐 놓고 설명하다가 애니메이션 주제인 장난감 스토리에 푹 빠져 처음의 의기소침했던 모습은 온데간데없어지고 등장인물의 목소리를 흉내 내며 신나게 떠들었다. 당시 이미 5천만 달러를 픽사에 쏟아부은 상태였고, 외부에서 자금을 끌어오기도 마땅치 않았기에 애니메이션 제작비는 잡스 개인의 주머니에서 나와야 할 터였다. 그럼에도 잡스는 이것저것 따지지 않고 자비를 털어 애니메이션 제작에 투자하기로 결정한다. 래시터의 프레젠테이션이 끝났을 때 그는 이렇게 말했다.

「존, 자네에게 부탁하는 건 한 가지야. 위대한 예술 작품을 만들어 줘.」

잡스가 어려운 상황에서 큰 결정을 내릴 수 있었던 것은 예술가 정신이라는 확고한 핵심 가치가 있었기 때문이다. 「존이 하고 있는 일의 가능성을 믿었거든요. 그것은 예술이었어요. 존은 예술을 중시했고 나도 그랬어요.」 훗날 잡스의 회상이다. 그가 특별했기에 본인의 가치관을 지킨 것일까? 우리는 그 반대라고 본다. 자신의 가치에 충실했기에 그가 특별해졌다는 말이다. 사람은 어떤 일에 반신반의할 수도 있고 전심전력할 수도 있다. 이 둘을 가르는 차이는 다름 아닌 가치관이다. 사람은 자신이 지향하는 가치에 충실할 때 진정 자기다워지며 일에도 열중할 수 있다.

일은 삶의 핵심적인 요소다. 어떤 직업을 가지면 하루 중 대부분의 시간을 여기에 쏟아야 한다. 그런데 일에 대한 가치관이 분명치 않으면 부지불식간에 조직이 지향하는 기준을 맹목적으로 따르거나, 상황에 치여 좌고우면하게 된다. 이런 일이 반복되면 삶의 주도권을 상실하게 된다. 사냥꾼의 지시에 따르는 사냥개처럼 그 일을 쫓기만 하는 사람은 그 일을 잘할 수 있을지 모르지만 행복할 수는 없다. 소설가이자 철학자 아인 랜드가 말했듯이 〈행복이란 자신의 가치를 성취하는 데에서 발생하는 의식 상태〉이기 때문이다.

직업 가치 쉽게 발견하기

나(승완)는 성인 교육에 몸담고 있는 직업 특성상 다양한 분야의 전문가들을 자주 만난다. 뛰어난 전문가의 모습은 각기 다르지만 한 가지 공통점이 있다. 바로 자신만의 튼튼한 직업 가치를 가지고 있다는 점이다. 진정한 전문가는 실력은 물론이고 일 안에 자신이 지향하는 가치를 어떤 형태로든 담아내려고 노력한다. 바로 이 점이 그를 숙련된 직업인 이상의 영혼이 있는 프로로 만들어 준다. 그대도 진정한 프로가 되고 싶다면 자신만의 직업 가치를 정립해야 한다.

직업 가치를 찾는 좋은 방법은 직업에 대한 과거의 중요한 의사결정들을 살펴보는 것이다. 지금 5가지만 꼽아 보라. 회사를 다니며 직무를 전환하거나 대학원에 진학한 일, 직장 생활을 병행하며 자격증을 준비한 경험, 또는 회사를 그만두고 몇 달간 여행을 떠난 일 등이 이에 속한다. 이런 결정의 이면에는 당신의 가치관이 반영되어 있다. 만약 20대 중반에 아르바이트를 하며 공무원 시험을 준비한 경험이 있다면 아마도 〈안정성〉이라는 가치를 중시해서였을 것이다. 취득하기 어려운 자격증을 몇 개 보유하고 있다면 〈성취〉나 〈발전〉 등의 가치관을 가지고 있을 수도 있다. 커리어와 관련해서 본인의 중요한 의사결정 기준 몇 가지를 키워드로 메모해 보라.

그리고 앞에서 골라낸 소망 목록을 살펴보라. 어떤 연결 고리가 보일 것이다. 예를 들어 당신이 성취 지향적인 가치관을 가졌다면 소망들 역시 뭔가에 도전하고 이루어 내는 것들의 목록일 확률이 크다. 당신은 세상을 떠날 때 〈최선을 다했던 사람〉으로 기억되길 바라는지도 모른다. 이렇듯 가치관은 커리어를 포함해 삶에 광범위하게 영향을 미친다.

직업 가치를 보다 분명히 하기 위해 표 5의 가치 목록을 활용해 보자. 목록에 있는 45개의 가치를 읽어 보면서 무엇이 나를

확인란	가치명	설명
	가족	가족에게 할애하는 시간을 낼 수 있는 유형의 일을 한다.
	개별 업무	가능한 한 다른 사람과의 접촉 없이 혼자서 일을 진행한다.
	경쟁	다른 사람과 나의 능력을 겨루는 활동을 한다.
	권력	업무 활동이나 다른 사람을 통제한다.
	금전적 보상	내가 일한 만큼의 금전적 대가를 받는다.
	높은 수입	원하는 명품 등을 구입할 수 있는 여건의 생활을 한다.
	다양성	다양한 종교, 인종, 사회적 배경을 가진 개인들이 모인 현장에서 일한다.
	도덕적성취감	일을 통해 자신이 중요하게 여기는 이상에 기여한다는 느낌을 받는다.
	도전	위험을 감수하더라도 새롭고 흥미진진한 도전을 추구한다.
	명성	성공, 지위, 부, 신분을 소유하거나 보여 주는 일을 한다.
	발전성	자신의 잠재력을 최대한으로 성장시킬 수 있는 환경에서 일을 한다.
	봉사	개인이나 집단, 사람을 직접적으로 돕는 일을 한다.
	사회적 공헌	더 나은 사회를 위한 일을 한다.
	성취	의미 있고 중요한 성과를 달성한다.
	소속감	특정한 조직의 구성원으로서 인정을 받는다.
	시간적 자유	최대한 내 시간 스케줄에 맞추어 업무를 할 수 있는 곳에서 일한다.
	신변의 안전	안전하고 건강할 가능성이 높은 곳에서 일한다.
	신속성	일이 빠르게 진행되고 빠른 활동을 요하는 환경에서 일한다.
	신체 활동	신체적 힘, 속도나 민첩성이 필요한 일을 한다.
	실내 활동	야외 활동보다는 실내 활동을 할 수 있는 일을 한다.
	실외 활동	사무실이나 제한된 실내 공간보다는 실외(야외)에서 일을 한다.
	심미성	사물이나 사상의 아름다움을 연구하거나 감상하는 일을 한다.
	안정성	직장 유지와 합리적인 보상이 보장되는 일을 한다.
	여가	일 이외의 시간을 즐긴다.

영성	나의 영적인 믿음을 지지하는 환경에서 일한다.	
영향력	다른 사람의 의견이나 태도를 변화시키는 위치에서 일한다.	
예술적 독창성	그림, 연극, 문학 등의 예술을 통해 자신을 표현한다.	
위치	내 생활 양식에 맞는 지역에 거주한다. 나의 여가나 배움 또는 업무 양식을 고려한 장소를 찾는다.	
유머	농담을 즐길 수 있는 환경에서 일을 한다.	
유연성/변화	상황에 따라 자주 바뀌는 일을 맡는다.	
인맥	일을 하면서 다양한 사람들과 관계를 맺는 일을 한다.	
인정	다른 사람에게서 존경을 받거나 자신이 성취한 것에 대해 인정을 받는다.	
일과 생활의 균형	일과 취미 생활, 사회적 활동 등을 균형 있게 할 수 있는 일을 한다.	
자연환경	자연적인 환경에 긍정적인 영향을 미치는 일을 한다.	
자율성	타인에 의지하지 않고 독립적으로 결정하고 행동할 수 있는 일을 한다.	
장래성	성과를 통해 성장이나 승진의 기회를 빨리 얻을 수 있는 일을 한다.	
재정적 안정	재정적인 염려를 하지 않아도 되는 일을 한다.	
전문성	특정 분야의 전문가로 인정받는 일을 한다.	
전통	내가 자란 사회적 전통을 따르는 일에 참여한다.	
정직	정직과 신의가 자산이 될 수 있는 환경에서 일을 한다.	
지적 활동	지식, 진리, 이해를 추구하는 일을 한다.	
창의성	기존의 것을 따르는 것이 아니라 참신한 아이디어를 생각해내는 일을 한다.	
체계성	매우 체계적이고 예측 가능성이 높은 곳에서 일한다.	
팀 업무	개인적인 성과보다는 팀의 성과를 위해 집단으로 일한다.	
협동성	집단 내에서 친밀한 업무 관계를 유지하며 같은 목표를 위해 팀의 일원으로 일한다.	

* 출처: 어세스타, 「직업 가치 카드」 일부 수정

표 5. 직업 가치 목록

일하게 하고 직업을 통해 내가 얻고자 하는 게 무엇인지 탐색해 본다. 그리고 커리어 관련 의사결정을 할 때 가장 중요하게 고려하는 기준이 뭔지 5가지를 꼽아 보라. 더불어 가장 중요하지 않은 가치도 3가지만 골라 보자. 여기서 중요한 가치를 하나가 아닌 여러 개 고르는 이유는 하나의 특정 가치를 모든 의사결정에 적용할 수 없기 때문이다. 커리어와 관련해서 취업, 직무 전환, 이직, 퇴사 등 다양한 의사결정을 해야 하므로, 가치 기준도 이 점을 감안해서 5가지를 준비한다.

직업 가치를 탐색하는 과정을 통해 본인이 직업과 커리어에서 어떤 점을 중요시하고, 일터에서 어떤 경험을 원하는지 알아볼 수 있다. 이 작업을 마치고 나서 주목해야 할 부분은 두 가지다. 먼저, 전혀 중요하지 않은 세 가지 가치는 내가 커리어에서 피해야 할 요소를 보여 준다. 이런 요소가 많은 일은 흡혈귀처럼 내 에너지를 빨아들인다. 그에 비해 기쁨과 보람은 턱없이 적다. 최선을 선택하는 것만큼 최악을 피하는 것도 중요하다. 자신의 직업관에 맞는 일은 삶의 빛이지만 반대의 경우 일은 삶의 짐이 된다는 걸 잊지 말자.

다음으로 가장 중요한 5가지 가치는 커리어에 중심을 잡아 준다. 이 가치들은 직무 전환을 하거나 이직을 할 때뿐만 아니라 팀장과의 성과 면담이나 한 해 업무 목표를 잡는 등 지금 하고 있는 일을 나에게 맞게 조정할 때에도 활용할 수 있다. 혹시 본인이 고른 5가지 가치에 대해 가치 목록에 있는 설명이 와닿지 않는다면 자신에게 맞게 수정해 보라. 이런 과정을 통해 직업 가치를 다시금 확인하고 내재화할 수 있다.

본인의 5가지 가치 중에서 가장 중요한 가치 하나를 꼽아 보자. 이 한 가지는 어떤 상황에서도 타협할 수 없는 최우선 원칙이다. 아무리 남 보기에 그럴 듯해도 이 가치에 부합하지 않는 일은 선택하지 말아야 한다. 이런 일은 성공하기 어렵고 만족하기는 더욱 어렵다. 가치의 괴리가 지속되고 불협화음이 잦아지면 결국 무기력해지거나 예기치 않게 큰 사고가 일어나게 된다.

직업 가치를 검증하는 두 가지 방법

오랫동안 진로 교육을 한 경험에 의하면 직업 가치는 사람마다 정말이지 무척 다르다. 예컨대 예상 밖으로 〈영성〉을 가장 중요한 직업 가치로 꼽은 사람이 여럿 있었고, 〈위치〉나 〈영향력〉을 가장 먼저 고른 이들도 있었다. 지금까지 중요한 5가지 가치를 동일하게 고른 경우는 한 번도 없었다. 또 하나, 직장인들 중에 자신의 직업 가치를 분명하게 설명할 수 있는 사람이 매우 드물었다. 많은 직장인들이 자기 직업에서 무엇을 중시하는지 진지하게 탐색해 본 적이 없다고 했다. 실제로 기업에서 진행하는 대부분의 교육은 비즈니스나 직무에 치중되어 있고 가치관은 거의 다루지 않는다. 우리나라 직장인들의 직업 만족도가 낮은 이유도 이와 무관하지 않다고 본다.

자신이 무엇을 중시하는지 모르면 내면에 커다란 공백이 생긴다. 그 공백을 메우려고 여러 모임에 참석하고 더 높은 자리를 쫓고 자녀에게 정성을 쏟고 자격증을 준비한다. 그 과정에서 배우고 얻는 것도 있지만 대부분은 공허감만 더 커질 뿐이다. 때로는 허전함을 채우기 위해 도박이나 게임, 약물, 술 등에 의존하기도 한다. 중독은 그게 무엇에 대한 것이든 빠지면 빠질수록 소모적이 되고 갈증은 더 커진다.

가치관은 세상을 바라보고 해석하고 체험하는 데 지대한 영향을 미친다. 그런데 당신이 고른 5개의 가치가 진짜 가치관인지는 아직 확실하지 않다. 두 가지 측면에서 검증이 필요하다. 첫째, 내 가치가 세월의 풍파를 이겨 내는지 확인해야 한다. 좋은 시절은 물론이고 어려운 시절에도 지킬 수 있어야 한다. 진짜 가치는 어려울 때 오히려 힘을 발휘하며 중심을 잡아 준다. 니체는 〈왜 살아야 하는지 아는 사람은 그 어떤 상황도 견뎌 낼 수 있다〉고 말했다. 시간이라는 용광로를 거치면 결국 오랜 시간 그 온도를 견딘 것들만 남게 된다. 둘째, 가치는 일상에서 살아 숨 쉬어야 한다. 중요한 의사결정을 할 때 주요 기준으로 실제로 작동해야 한다. 스티브 잡스는 〈우리 존재를 규정하는 것은 우리의 가치이고, 우리의 결정과 행동은 그 가치를 반영한다)고 강조했다. 직업 가치를 중심에 두고 의사결정을 하다 보면, 어떤 가치가 내게 중요한 게 아니었음을 알게 되면서 진짜로 중요한 가치를 깨닫게 될 때도 있다.

가치관은 쉽게 바뀌지 않는다. 그렇다고 불변하는 건 아니어서 만약 직업 가치의 의미가 퇴색하거나 더 이상 의사결정 기준으로 작동하지 않으면 커리어 변곡점에 직면했을 가능성이 크다. 커리어에 큰 변화가 필요한 시기라는 신호일 수 있다는 말이다. 사람들은 언제 새로운 인생을 시작해야 하는지 궁금해한다. 가치관은 이 문제에 믿을 만한 실마리를 제공한다.

나(승완)는 종종 나의 직업 가치를 떠올린다. 일을 하다 큰 실수를 했을 때 마음 안에 적어 둔 직업 가치를 펼쳐 본다. 스스로를 반성하기 위해서다. 중요한 결정을 해야 할 때도 그렇게 한다. 무엇이 최선이고 차선인지, 최악은 무엇인지 가늠해 보는 나름의 방법이다. 그대도 그렇게 해보기 바란다. 이 과정은 외부의 다른 무엇에 의존하지 않고 스스로 성찰하고 성숙할 수 있는 길이다.

방향성, 삶의 정수를 담은 한 문장

많은 위대한 인물들도 한때는 평범한 사람에 불과했다. 간디는 변호사로 처음으로 법정에 선 날, 수줍음과 무대 공포증으로 말 한마디 못한 채 법정을 도망쳤다. 결국 변호비를 반납하고 다른 변호사에게 사건을 넘기고, 이후 주로 서류 업무만 처리해야 했다. 젊은 변호사였던 링컨은 독설을 즐겼으며, 익명으로 상대를 비난하는 글을 여러 차례 실었다가 한 정치가에게 목숨을 건 결투를 신청받기도 했다. 백범 김구는 젊은 시절 다혈질의 성격을 이기지 못하고, 주막에서 일본인과 시비가 붙어 살인을 저질렀다.

세상은 눈에 보이는 게 전부가 아니다. 눈에 띄는 개인의 화려한 업적은 무대 위의 한 양상일 뿐, 무대 뒤를 들여다보면 미성숙과 시행착오로 점철되어 있음을 확인할 수 있다. 그들 또한 자기를 평범하거나 그만도 못한 모자란 사람이라 여겼을 것이다. 그러나 그들이 일반인과 다른 점이 하나 있다면 삶의 한 시점에서 평범과 비범 사이에 놓인 〈어떤 변화〉를 만들어 냈다는 것이다. 어떻게 평범한 한 인간이 위대함으로 가는 변곡점을 찾아낼 수 있었을까? 우리 두 저자는 전작 『위대한 멈춤』에서 이러한 인물들의 전환기를 연구한 바 있다. 오랜 연구 끝에 내린 결론 중 하나는 결국 그들의 삶을 본질적으로 바꿔 낸 것은 자신의 〈방향성〉에 대한 깨달음이라는 점이다.

나는 어디로 나아가는가?

왜 방향성이 그토록 중요할까? 그것이 자신이 진정 누구이며 삶의 목적이 무엇인지에 관한 깨달음이기 때문이다. 〈나는 누구인가?〉는 인간의 궁극적 질문이다. 방향성을 자각할 때 자신과 세상에 대한 인식이 크게 바뀌고 재구성된다. 그 영향은 남은 인생 전체를 관통할 정도로 오래 간다. 방향성은 북극성과 같다. 태양보다 2천 배나 밝은 북극성은 옛날부터 여행자들에게 방향과 위도를 알려 주는 역할을 해왔다. 그 자체가 목적지는 아니지만 내가 가고자하는 목적지에 도달할 수 있도록 하는 길잡이다.

나(승오)의 삶을 온통 뒤흔든 사건은 대학 시절에 일어났다. 어느 날 갑자기 눈이 보이지 않게 된 것이다. 병원에서는 녹내장 판정을 내렸고 〈6개월 안에 실명할 것〉이라 예견했다. 원인은 이틀에 한 번만 자면서 무리하게 공부한 탓이었다. 벌겋게 충혈된 눈 때문에 스테로이드성 안약을 달고 살았는데 그것이 화근이었다. 오랜 기간의 집중 치료로 겨우 볼 수 있게 되었지만, 시야는 이미 손쓸 수 없을 만큼 손상되었다. 좁고 뿌연 시야 속에서 오랫동안 좌절하면서 왜 이런 일이 일어났는지 묻고 또 물었다. 나중에야 실명의 원인이 타고난 영재였던 형에 대한 열등감이었음을 깨달았다. 나만의 방향성이 없었기에 형을 이기려고 안간힘을 쓰다가 크게 넘어진 것이었다.

그러다가 우연히 구본형의 책을 읽었고 그것이 변화의 계기가 되었다. 나는 그의 책들을 읽으며 〈나〉에 대해 쓰기 시작했다. 형의 그늘을 벗어난 고유의 나에 대해서. 내가 잘하는 것과 좋아하는 것들을 닥치는 대로 메모했다. 몇 달간 이어진 자기 탐색을 정리하기 위해 가장 친한 친구와 제주도로 떠났다. 숙소에서 나는 휘갈겨 쓴 종이들을 바닥에 흩어 놓고 내가 좋아하는 것, 잘하는 것, 그리고 가치 있게 여기는 것들을 관통하는 하나의 흐름을 찾고자 했다. 나를 온전히 표현해 줄 시원한 문장 하나를 찾고 싶었다. 창밖으로 어슴푸레 해가 지고 있을 때쯤 작은 음성이 들렸다.

〈깨달음을 얻고, 타인과 나누는 인생.〉

그것은 내 음성이었지만, 나를 넘어선 깊은 배경에서 울렸다. 순간 마음이 두근거렸다. 그때 내가 언제나 〈깨달음을 얻고 다른 사람과 나누며〉 살고 싶어 했음을 깨달았다. 책에서 만난 한 문장에 전율해 뒤척였던 많은 밤들, 연신 하품을 해대는 친구를 붙들고 책을 설명해 주려다 들은 〈그만 좀 하라〉는 핀잔들, 그런 일관적인 내 행동들은 하나의 문장으로 오롯이 설명되었다. 심지어 그날 밤 제주도의 숙소에는 〈우리들 꿈의 첫 페이지〉라고 적혀 있는 두 권의 제본된 인쇄물이 놓여 있었다. 친구를 위해 내가 직접 만든 일종의 자기 탐색 교재였다.

당시 나는 한 번도 공학을 떠나리라고 생각해 본 적이 없었다. 그러나 친구와 삶에 대해 도란도란 이야기했던 그날 밤 나는 떠나게 될 것임을 직감했다. 공대를 졸업하고 첫 직장을 데일 카네기가 설립한 교육 회사로 잡은 것은 자연스러운 귀결이었다. 그로부터 15년이 흐른 지금까지 컨설턴트로, 작가이자 강사로, 기업 교육 담당자, 인문학 아카데미 연구원으로 다양한 직업을 거쳤지만 내 방향성은 흔들리지 않았다. 나는 여전히 나의 크고 작은 깨달음을 타인과 나누면서 산다. 앞으로는? 지금은 1인 기업가이지만, 이 직업 또한 바뀔 것이다. 선배가 운영하는 학원에서 진로 상담을 할 수도 있고, 여윳돈이 생기면 조그마한 인생 상담 카페를 차리거나 손님들에게 적절한 조언을 해주는 꽤 괜찮은 택시 기사가 될 수도 있을 것이다. 앞으로도 직장이 바뀌고 직업의 이름은 달라지겠지만 나는 그 직업 안에서 〈깨달음을 얻고 나누며〉 살아갈 것이다.

나를 나답게 하는 한 문장

〈내 삶의 본질을 담고 있는 문장은 무엇인가?〉 이 질문을 화두 삼아 스스로를 관찰해 보라. 세 개의 원을 그리고 지금까지 정리한 나의 소망, 재능, 가치를 적어 보라. 세 원을 보면서 그 흐름을 짚어 보라. 이들의 공통점은 무엇인가? 내 삶의 흔들리지 않는 북극성은 무엇인가? 삶의 방향성은 그저 압축이나 요

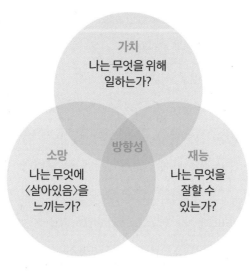

그림 12. 내 삶의 방향성 발견하기

약이 아니다. 그건 나라는 존재를 꿰뚫는 통찰이다. 하루나 이틀 정도 혼자 여행을 다녀오는 것도 좋다. 침묵하면서 자연을 벗 삼아 내면으로 깊숙이 들어가 남은 생을 어떻게 살아가고 싶은지 스스로와 대화해 보라.

가능하다면 한 문장으로 표현해 보라. 단순하게 집중할수록 우리 존재의 중심도 선명해진다. 미국의 정치가 클레어 부스 루스는 존 F. 케네디에게 위대한 인물의 삶은 한 문장으로 말할 수 있다고 조언했다. 예컨대 링컨의 삶을 한 문장으로 말하면 〈미합중국을 지키고 노예를 해방시켰다〉는 것이고, 프랭클린 루스벨트의 한 문장은 〈대공황에서 국민을 구해 내고 세계 대전을 승리로 이끌었다〉는 것이다.

정치가뿐만이 아니다. 뛰어난 인디 워커들은 자신만의 한 문장을 가지고 있었다. 스티브 잡스의 한 문장은 〈사람들이 동기에 충만해 위대한 제품을 만드는 영속적인 회사를 구축하는 것〉이었다. 그의 말마따나 〈그 밖의 다른 것은 모두 2순위였다〉. 그는 이 소명을 늘 갈망하고 늘 우직하게Stay Hungry, Stay Foolish 추구했다. 방송인 오프라 윈프리는 〈솔선수범하는 것으로 사람들이 최선의 삶을 살도록 인도한다〉를 자신의 한 문장으로 삼았고, 미래학자 대니얼 핑크는 〈사람들이 세상을 좀 더 분명히 이해하고 좀 더 충만한 삶을 살도록 도와주는 책을 썼다〉를, 마케팅의 아버지라 불리는 필립 코틀러는 〈마케팅의 눈으로 세상과 삶을 바라보다〉를 자신의 방향성으로 꼽았다.

　나(승완)의 방향성은 더 짧다. 심재(心齋)라는 한 단어다. 〈성찰과 성장의 길〉이라는 뜻이다. 『장자(莊子)』를 읽다가 이 두 글자가 마음에 들어온 순간을 생생히 기억한다. 이 말에는 내가 되고 싶은 존재가 모두 담겨 있었다. 이때부터 이 단어를 인생 주문(呪文)으로 삼고 있다. 내가 운영하는 1인 기업의 이름을 〈컨텐츠랩 심재〉로 짓고, 가장 소중한 공간인 서재를 심재라 부르는 것도 이 때문이다.

　그대는 어떤가? 방향성을 한 문장으로 표현할 수 있는가? 진정으로 원하는 삶을 어떻게 묘사할 수 있는가? 당신의 가슴이 공명하는 방향성을 발견했다면 비로소 마음은 중심을 잡고 삶은 새로워지기 시작할 것이다. 인생의 방향성은 내가 누구이며 무엇을 해야 하는지, 그리고 어디로 가야 하는지를 알려 준다. 이와 함께 우리에게 그곳에 도달하기까지의 여정을 선물한다. 그 길을 통해 우리는 고유한 삶을 경험하고 배우고 성숙한다. 이것이 방향성에 숨어 있는 참된 목적이다.

　모든 묘비에는 한 사람이 세상에 태어난 날과 떠난 날이 새겨져 있다. 여기에 또 하나의 날짜를 추가해야 한다. 방향성을 발견한 날 말이다. 〈인생은 B(Birth, 탄생)와 D(Death, 죽음) 사이의 C(Choice, 선택)이다〉라는 경구처럼, 방향성을 발견하고 새로운 길을 선택하는 것이야말로 삶의 가장 중요한 순간이다.

〈우물쭈물하다가 내 이럴 줄 알았다!〉는 묘비명으로 죽어서까지 사람들에게 웃음과 깨달음을 선사한 버나드 쇼는 생전에 〈스스로 깨달은 목적을 위해 사는 것이야말로 진정한 삶의 목적〉이라 했다. 탄생은 인생의 시작이지만 목적이 아니며 죽음도 목적은 아니다. 방향성을 발견한 날이야말로 스스로 인생의 목적을 깨달은 날이다. 방향성과 함께 새로운 삶이 펼쳐진다.

3

기다린다
인디 워커로 가는 수련

나를 찾겠다고 퇴사하지 마라

홍콩 무협 영화에는 패턴이 있다. 복수심에 불타는 주인공은 위대한 스승 앞에 무릎을 꿇고 제자로 받아 달라고 간청한다. 하지만 스승은 그에게 쉽게 비급을 전수하지 않는다. 주인공에게 처음 주는 일은 어처구니없게도 밥 짓고 빨래하고 청소하는 일이다. 어깨를 가로질러 매단 두 양동이 가득 물을 긷고, 힘껏 내리쳐 장작을 패고, 머리에 항아리를 이고 세워진 통나무 위를 이리저리 뛰어다니는 일을 몇 년간 반복해야 한다. 많은 제자들이 고된 일상과 스승의 냉담함에 화를 내며 떠나지만 주인공은 묵묵히 참는다. 그리고 어느 날 돌연 스승은 은혜를 베풀어 그를 제자로 받아들인다.

첫 관문을 통과한 주인공은 본격적으로 무술을 배운다. 그는 기본 초식을 익히며 자신의 유연함과 강인함에 놀란다. 그동안의 허드렛일이 자신도 모르게 기본기를 길러 주었음을 깨달았기 때문이다. 단단한 기초 체력에 재능이 더해지면서 난이도가 높은 초식을 차례로 습득하며 일취월장한다. 결국 자신만의 필살기를 완성한 후, 하산하여 마침내 복수에 성공한다. 이런 줄거리는 비단 영화만이 아니라 전 세계의 신화와 영웅 이야기의 보편적인 원형이다.

회사는 최고의 학교다

직장 생활도 비슷하다. 조직은 신입 사원이 지속적으로 성장할 수 있는지 시험한다. 허드렛일을 주는 것이다. 큰일을 하기에 앞서 작은 일부터 성실하게 수행하는지 테스트하는 셈이다. 성실함이야말로 모든 직업인의 기본기이기 때문이다. 강력한 모든 비급도 기초 체력을 토대로 길러진다. 주어진 일을 열심히 하다 보면 어느 순간 군살이 빠지고 근육이 제자리를 잡아간다.

원하는 일을 발견했다고 해서 하루 빨리 시작하는 것만이 능사는 아니다. 자신의 일을 찾아 퇴사했던 많은 이들 중 대다수가 1년이 안 되어서 더 안 좋은 조건으로라도 재취업을 하는 것은, 세상이 만만치 않음을 깨달았기 때문이다. 웬만한 실력이 아니고서는, 고수들이 난립하는 무림에서 버텨 낼 수 없다. 우선은 원하는 일이 아니더라도 지금의 일터와 직무를 수련장 삼아 실력을 갈고 닦아야 한다. 자신의 방향성을 가진 인디 워커는 회사를 얼마든지 학교로 만들 수 있다.

나(승오)는 14년간 직장 생활을 하고 1인 기업가로 독립했다. 그간 대기업과 중소기업, 컨설팅펌, NGO 등 다양한 조직을 경험했고, 퇴직 후에야 한 발짝 물러서서 그간의 경험을 되돌아볼 수 있었다. 자유롭고 뚜렷한 주관을 가진 내가 조직 속에서 행복했다고 말할 수는 없다. 그러나 14년간 회사가 아니었다면 배우지 못했을 많은 것들을 그곳에서 배웠다고 단언할 수 있다. 적어도 다섯 가지 측면에서 회사는 내게 최고의 학교였다.

첫째로 여러 가지 실험을 해볼 수 있다는 점이다. LG전자에서 신입 사원 교육을 담당할 때 나는 개인적으로 계발한 〈나침반 프로그램〉을 사내에 도입해서 운영했다. 사실 이 프로그램은 조직 측면이 아닌 개인의 삶의 방향성을 찾는 과정으로 자칫 교육 담당자는 퇴사율을 걱정해 도입하길 꺼리는 교육이다. 그런데 내가 바로 그 〈담당자〉가 아닌가. 나는 〈직업인의 자기계발〉이라는 맥락에서 이 프로그램을 업그레이드해서 도입했고 매년 3천 명의 신입 사원들이 이 하루짜리 프로그램을 이수했다. 성과도 좋아서 사내에서 몇 년간 가장 높은 만족도를 보인 교육으로 자리 잡았다. 많은 직원들의 피드백을 받아 수정한 덕분에 나침반 프로그램은 지금 내 회사의 가장 큰 수입원이 되는 상품이다.

둘째, 회사를 통해 다양한 사람을 이해관계로 만나며 부딪혀 볼 수 있다. 독립해 보면 별의별 특이한 고객의 요구를 접하게 된다. 이때 〈저런 고객과는 일 안 해!〉라고 가리기 시작하면 사업은 극히 제한된다. 조직에서 다양한 사람들과 일하면서 나의 포용력을 넓힐 수 있다. 회사는 막내와 고참, 사원과 부장, 남녀노소 다양한 인간 군상이 부딪히며 희로애락을 함께한다. 때로는 〈돌+아이〉를 만나게(또는 모시게) 되고 이것이 엄격한 훈련 환경을 만들어 준다. 뿐만 아니라 회사는 내가 막내가 되었다가 선배가 되고, 팔로워였다가 리더가 되는 등 다양한 역할 변신을 해볼 수 있는 곳이기도 하다. 그만큼 많은 자리를 경험하고 관계자들을 이해하는 연습을 할 수 있다.

셋째, 낯선 업무를 통해 잠재력을 깨달을 수 있다. 교육 컨설턴트 요세 아레스의 연구에 따르면 업무 능력을 향상시키는 것은 교육/독서(10%)나 멘토 등 타인과의 협력(20%)보다 실제 업무 경험(70%)이 월등히 높다. 특히 새로운 업무와 역할을 경험할수록 자연스레 잠재력을 탐색할 기회도 많아진다. 첫 직장인 카네기 연구소에서 내 첫 업무는 영업이었다. 또 2년차부터 강의를 했는데 인간관계 교육의 특성상 행동 학습Learning by Doing 기반의 소위 〈열정과다형〉 교육이었다. 둘 다 지극히 내향적인 내 기질과 어울리지 않았기에 스트레스가 이만저만이 아니었다. 그런데 돌아보면 그 경험 덕분에 지금은 사람을 유연하게 대하고 어렵지 않게 신규 고객을 발굴하고 수주를 따낸다. 또한 퍼실리테이션Facilitation 중심의 강의에도 능숙해졌다. 낯설고 두려운 업무가 나를 키워 준 탓이다.

넷째, 각 부서의 역할과 협업 방식을 이해할 수 있다. 회사에서 가장 확실하게 배울 수 있는 한 가지는 회사라는 조직이다. 각 부서의 목표와 자원 할당, 업무와 역할 분배, 보고 프로세스 등 큰 조직이 어떻게 유기적으로 맞물려 돌아가는지에 대한 이해는 비즈니스에서 필수적이다. 비단 기업 대상(B2B) 사업자만 알아야 하는 게 아니다. 개인 대상 사업(B2C)의 고객 대부분도 직장인이다. 특정 부서의 고객들이 어떤 일을 하며 어떤 고민을 주로 하는지 알아야 고객을 효과적으로 도울 수 있다.

다섯째, 업무의 기본기를 습득할 수 있다. 여기서 기본기는 업무 목표는 어떻게 쪼개고, 시간은 어떻게 관리하여 납기를 지키는지, 이메일과 보고, 회의 등의 비즈니스 커뮤니케이션은 어떻게 하는지 등의 기본적인 업무 스킬을 말한다. 어느 업종 어느 조직에서 일하든 탄탄한 기본기를 갖춘 사람은 신뢰감을 주고 눈에 띈다. 가령 이메일을 하나 보내도 기본기가 튼튼한 사람은 제목과 내용은 물론이고 수신/참조인을 넣는 부분에서도 차이가 난다. 뛰어난 〈일 센스〉는 책이나 교육이 아닌 실제 업무 현장에서만 제대로 배울 수 있다.

이 다섯 가지 외에도 직장 생활에서 배울 수 있는 것은 많다.

게다가 이 모든 배움에도 직장인은 수업료를 내는 것이 아니라 오히려 돈을 받는다. 이 정도면 훌륭한 학교가 아닌가?

회사에선 배울 수 없는 것들

반대로 회사 안에서는 제대로 배울 수 없는 중요한 것들도 있다. 대부분 자립과 관계된 역량이다. 회사는 동물원 같은 통제된 환경으로, 야생에서 자립적으로 살아가는 능력을 점점 퇴화시키는 경향이 있다. 인디 워커는 자립을 위해 야생의 습성을 스스로 체득해야 한다.

무엇보다 하루를 경영하는 능력이 중요하다. 회사를 다닐 때는 대부분의 시간이 회사에서 관리되기에 이 능력의 중요함을 알지 못한다. 그러나 재택 근무를 하거나 이직을 위해 퇴사를 해보면 하루 경영의 어려움을 깨닫는다. 특히 퇴사 이후의 시간은 무한대의 자유 시간이다. 마냥 즐거울 것 같지만 3개월가량의 방랑이 끝나고 나면 깨닫게 된다. 스스로 하루를 관리해본 적 없는 사람에게 자유 시간은 재앙에 가깝다. 오늘 일을 내일로 미뤄도 뭐라 할 사람이 없으니 한없이 늘어지고, 퇴근 시간이 없다 보니 잦은 밤샘으로 번아웃되기도 한다. 첫 직장을 그만두었을 때 나는 처음에는 넘치는 자유에 무척 흥분했다. 그러나 점점 취침과 기상 시간은 늦어졌고 급기야 불면과 우울로 정신과 의사를 찾아야 했다. 결국 7개월 만에 다른 회사로 이직하고 나서야 이 늪에서 빠져나올 수 있었다. 그러므로 조직을 떠나기 전에 주도적으로 시간을 관리하는 훈련을 해야 한다. 출근 전이든 퇴근 이후든 적어도 하루 두 시간은 내가 시간의 주인이 되어 통제권을 쥐는 것이 필요하다. 가장 좋은 훈련은 학습 프로젝트를 만들어 미래 커리어에 투자하는 것이다. 이에 대해서는 4장의 「하루는 22시간이다」 편에서 자세히 이야기할 것이다.

두 번째는 차별화다. 이는 특히 큰 기업을 다니는 사람에게 더욱 필요하다. 대기업 출신이 갖는 최대의 약점은 뻔한 인생을 계획하는 경향이 있다는 것이다. 인원 부족으로 여러 역할을 해야 하는 중소기업과 달리, 하나의 업무를 오랫동안 하는 〈동질 경험〉에 익숙해졌기 때문이다. 조직 생활에서 무난함은 미덕일 수 있으나, 독립해서는 의심할 여지없이 악덕이다. 가능한 한 다채로운 〈이질 경험〉들을 스스로 만들어 내야 한다. 자격증을 취득하더라도 희소성이 있는 걸 선택하고, 여러 TF 팀이나 사내 동호회 활동을 통해 시야를 넓혀야 한다. 부서 이동, 직무 전환, 해외 파견 등의 활동은 더할 나위 없이 좋다. 영업 부서에서 일하다가 상품 부서로 옮겨 고객의 니즈를 반영한 제품을 개발해 큰 매출을 올리는 경우가 좋은 예다. 다시 원래 업무로 복귀하더라도, 이전 부서의 인맥과 기술이 본업에 큰 도움이 된다. 이런 이질 경험들이 모여 훗날 차별성이 만들어진다. 전문성에 차별성이 더해질 때 나만의 직업을 창조할 수 있다. 이 부분은 3장의 「필살기, 가장 잘하는 죽여 주는 기술」과 「창직, 내가 직업이다」에서 보다 자세히 살펴볼 것이다.

방향성이 분명한 인디 워커는, 자신의 길을 찾았다고 해서 쉽게 퇴사하지 않는다. 오히려 회사를 학교 삼아 자신이 배울 수 있는 모든 기본기를 배우며 때를 기다린다. 복사와 회의록을 작성하는 허드렛일조차 〈성실함에 있어 누구에게도 지지 않을 것〉이라는 각오로 임한다. 희한하게도 이런 자세가 역설적으로 잡무에서 빨리 벗어나게 해준다. 더불어 그는 하루의 일정 시간을 할애하여 주도적으로 공부하고, 경험의 폭을 넓혀 차별성을 확보한다. 이때에 비로소 고수들이 난무한 무림에서도 먹힐 자신만의 필살기가 완성된다. 그렇게 되면 조직에서 성장할 것인가, 독립하여 내 일을 꾸릴 것인가 하는 것은 선택의 문제가 된다. 어디서 일하든 그는 자유롭고 자립적인 고수로 우뚝 선다.

재능을 강점으로 만드는 세 가지 방법

　재능을 발견하는 일은 땅속에서 장차 보석이 될 원석을 캐는 것과 같다. 다시 말해 재능이 원석이라면 강점은 다이아몬드 같은 보석이다. 원석을 가지고 있다고 해서 그냥 보석이 되지 않는다. 투박한 원석을 치열하게 제련하고 세공해야 비로소 보석이 탄생한다. 보석의 가치를 결정하는 요인은 원석의 품질과 세공의 정교함이다. 이 중 세공은 우리가 생각하는 것 이상으로 보석의 가치에 큰 영향을 미친다. 재능을 강점으로 계발하는 과정도 다르지 않다.

방법 1. 의식화, 재능과 친구 되기

　앞에서 재능이란 〈생산적으로 활용할 수 있는 사고와 감정과 행동의 반복적 패턴〉이라고 정의했다. 이 정의 때문인지 재능과 습관을 혼동하는 경우가 있는데, 둘은 확연히 다르다. 재능은 습관 이상이 되어야 강점이 될 수 있다. 습관은 어느 정도 정착되면 무의식적으로 자동화되어서 별다른 노력 없이 일을 처리할 수 있게 된다. 이를테면 자동차를 운전하는 일에 익숙해지면 전화 통화를 하면서도 운전할 수 있다. 습관의 목적은 향상이 아닌 유지다. 재능이 강점이 되려면 습관 수준으로는 어림없다. 재능을 개발하는 데 새롭고 지속적인 자극이 필수적이기 때문이다. 운전이 습관인 사람들은 많지만 카레이서와 일반인의 운전 실력의 편차가 매우 큰 것도 이 때문이다. 강점은 재능을 의식적으로 개발하는 과정을 거쳐야 구축할 수 있다.

강점의 간단한 정의는 〈강점 = 재능 × 지식 × 경험〉이다. 이 공식에서 세 가지 변수의 관계가 〈덧셈(+)〉이 아니라 〈곱셈

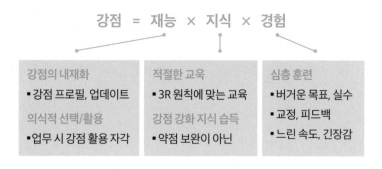

강점 = 재능 × 지식 × 경험

강점의 내재화	적절한 교육	심층 훈련
▪ 강점 프로필, 업데이트	▪ 3R 원칙에 맞는 교육	▪ 버거운 목표, 실수
의식적 선택/활용	강점 강화 지식 습득	▪ 교정, 피드백
▪ 업무 시 강점 활용 자각	▪ 약점 보완이 아닌	▪ 느린 속도, 긴장감

표 6. 강점을 개발하는 3가지 방법

(×))임에 주목하자. 재능이 100이라고 해도 지식이나 연습이 0이면 강점도 0이다. 반대로 재능이 낮으면 열심히 노력해도 성과를 얻는 데 한계가 있다. 세 가지 변수는 서로에게 자양분을 제공하며 상승 효과를 일으키기에 셋이 조화를 이룰수록 탁월한 강점이 된다. 바꿔 말하면 자기만의 강점을 개발하려면 세 가지가 필요하다. 가장 먼저 재능을 명확히 파악해야 하고, 다음은 적합한 지식과 기술을 익히는 것이며, 마지막으로 연습을 통해 경험을 쌓는 것이다.

재능을 분명하게 인지하려면 두 가지가 필요하다. 우선 본인의 재능과 친해지는 〈내재화〉 과정이 필수다. 앞서 〈재능 프로필〉을 통해 이야기했듯이 자신이 일상에서 사용하는 언어로 재능을 표현하고 업데이트 하는 작업이 핵심이다. 두 번째는 〈의식화〉인데, 재능을 업무에서 의도적으로 자각하려고 노력해야 한다. 이는 헬스장의 트레이너들이 근육을 키우려면 아령을 아무렇게나 들지 말고 근육의 움직임을 의식적으로 알아차려야 한다고 강조하는 것과 같다. 여러 심리 실험을 통해 거듭해서 밝혀졌듯이 운동을 하고 있다고 자각하면서 청소를 하면 실제로 운동 효과가 훨씬 커진다. 따지고 보면 헬스장에서 힘들게 땀 흘리며 소모하는 칼로리와 청소하면서 소모하는 칼로리는 본질적으로 다를 게 없다. 일을 하면서도 나의 재능 중에서 무엇을 활용할지 의식적으로 선택하고 어떻게 활용하고 있는지 알아차리는 습관을 들이는 게 좋다.

방법 2. 학습, 재능에 날개 달기

재능을 강점으로 키우는 두 번째 방법은 재능을 자극하는 공부를 하는 것이다. 재능과 잘 맞는 교육은 효과가 매우 크다. 학습 전문가들은 효과적인 학습을 위해 3R(right contents, right tool, right way)을 신중히 고려하라고 조언한다.

■ 적절한 내용·right contents: 약점을 보완하는 지식이 아닌 재능을 강화하는 지식을 쌓아야 한다. 흔히 약점을 보완함으로써 성장한다고 생각하지만 이것은 학창 시절의 공부가 취약 과목의 성적을 올리는 〈약점 보완형〉으로 진행되었기에 생긴 고정관념이다. 성인 교육은 다르다. 취약점이 아닌 잘하는 것을 탁월한 수준으로 올리는 게 훨씬 생산적이다. 예컨대 스트렝스 파인더 검사에서 〈발상〉이나 〈전략〉 등이 나온 사람은 창의성에 대한 교육을 통해 재능을 극대화할 수 있으며, 다중지능 검사에서 〈언어 지능〉이 높게 나왔다면 커뮤니케이션 교육에서 최상의 결과를 거둘 수 있다. 앞으로 가급적 약점이 아닌 재능을 살릴 수 있는 교육에 참가해 보자.

■ 적절한 도구·right tool: 사람마다 학습 스타일이 달라서 이에

맞춰 학습 도구를 적절히 선택하는 게 효과적이다. 먼저 자신이 주로 어떻게 배우는지 파악해야 한다. 책이나 논문 등의 자료를 읽음으로써 가장 잘 배우는 사람이 있고, 강의나 영상 등을 보고 들을 때 잘 배우는 사람이 있으며, 이것저것 부딪히고 시도하면서 익히는 걸 선호하는 이들도 있다. 대화나 토론처럼 스스로 말하는 과정에서 가장 효율적으로 배우는 사람이 있는가 하면 자신의 역할 모델을 모방함으로써 빠르게 학습하는 경우도 있다. 재능을 개발할 때 이왕이면 본인의 학습 스타일에 맞는 학습 도구를 활용하도록 하자. 표 7도 한 가지 예로 참고할 수 있다.

학습 스타일	재능 개발 전략	학습 도구
분석형	• 이론, 실습, 롤플레잉 등의 사전 교육 • 새로운 역할 시작 전 준비 시간 충분히 필요	전문 도서, 강의, 다큐멘터리, 이러닝e-learning
시행착오형	• 적절한 난이도의 과제 부여 후 결과 피드백 난이도 점점 높이기 • 버거운 목표 부과	몰입 과제, 모의 체험, 녹화, 사례 연구 case study
관계형	• 전문가와의 잦은 면담과 지원 약속 • 팀 학습 • 고성과자와의 개인적 코칭	코치의 피드백, 대가의 실전 참관, 학습 조직 CoP 활동

표 7. 학습 스타일에 맞는 재능 개발 전략

▪ 적절한 방식 right way: 다음으로 학습 방식, 즉 어떻게 공부할 것인가? 학습 방식은 크게 입력형 input과 표출형 output으로 나눌 수 있다. 입력형 학습은 지식과 기술을 이해하고 습득하는 데 주력한다. 독서와 강의 듣기, 자료 검색 및 수집, 필기 등이 대표적이다. 표출형 학습은 배운 것을 바깥으로 표현하는 데 집중한다. 공부한 내용을 정리하고 활용하는 방식, 즉 요약, 발표, 토론, 실험, 강의안 만들기, 견본 제작, 글쓰기, 업무와 취미에 활용하기 등이 여기에 속한다. 표출형 학습이 입력형보다 수행하기 까다롭지만 제대로 실천만 하면 효과는 확실하다. 책을 읽기만 하는 것보다 서평을 쓰고 책에서 배운 걸 스스로에게 적용하는 게 훨씬 유용한 것과 같다. 모든 학습에는 이 두 방식이 모두 필요하며, 재능의 개발 정도에 따라 비율을 조정하는 게 좋다. 표출형 학습은 입력형에 비해 많은 에너지를 투입해야 하기에 오래 지속하기 어렵고, 무리하면 학습 의욕을 급격히 떨어뜨릴 수 있으므로 초기에는 입력형 학습 위주로 하다가 점점 출력형 학습을 늘려 나가는 접근이 바람직하다.

방법 3. 심층 연습, 강점에 이르는 확실한 길

강점을 공고히 하기 위해서는 연습이 매우 중요한데, 여기에서 꼭 유념할 점이 있다. 연습을 할 때는 그저 오랜 시간 반복만 해서는 안 된다. 연습 초기에는 시간과 실력이 대체로 비례하지만, 실력이 어느 수준을 넘어서면 시간의 양보다 질, 즉 훈련 내용이 더욱 중요해진다. 최근의 뇌 과학과 인지 심리학의 연구들은 이구동성으로 탁월함의 핵심은 〈심층 연습deep practice〉에 있다고 강조한다. 심층 연습은 멋대로 하는 연습과 구분하기 위한 용어로, 진지하게 집중하면서 자신의 한계에 계속 부딪히며 실력을 개선해 나가는 훈련법을 말한다.

예를 들어 보자. 프로 야구 선수들은 매일 몇백 번씩 스윙 연습을 한다. 문외한이 보기에 반복하는 스윙 동작은 거의 차이가 없어 보인다. 하지만 모든 스윙이 같다면 굳이 하루에 수백 번을 연습할 필요가 없다. 최고 수준의 선수들은 단순한 스윙 동작에서 본인 장점을 살리고 보다 나아질 수 있는 가능성을 민감하게 포착해서 다음번 스윙에 반영한다. 이 과정을 매일 하루도 거르지 않으며 어제보다 조금씩 나아지기 위해 애쓴다.

그에 비해 대다수의 사람들은 자신이 하는 일에 이렇게 접근하지 않는다. 우리가 어떤 일에 탁월해지지 못하는 이유는 어느 정도 배웠다고 생각하면 더 이상 한계에 도전하지 않기 때문이다. 예컨대 어떤 취미를 처음 익힐 때를 떠올려 보라. 모든 것이 새롭고, 그래서 기꺼이 한계에 부딪히면서 배운다. 조금만 해도 실력이 금방 늘어나니 재미도 있다. 하지만 실력이 중급 이상이 되면 슬슬 연습이 재미없어지기 시작한다. 난이도가 높아지면서 실수가 잦아지고 한계에 부딪히는 것 자체가 스트레스가 되고, 실력도 쉽사리 늘지 않는다. 그래서 어느 정도 할 만하다 싶을 때부터 연습은 대충 지금 하는 만큼만 반복하며 그럭저럭 즐기는 데 만족한다. 이 경우 누적 시간은 늘어나도 실력은 그저 현상을 유지하는 수준에 머문다.

심층 연습의 핵심은 계속해서 자기 한계를 확장해 나가는 것이다. 한계는 나를 가두는 벽인 동시에 새로운 차원으로 나아가는 문이기도 하다. 걸림돌은 저절로 디딤돌로 바뀌지 않는다. 현재 자신의 최대치보다 10~20퍼센트 높은 목표를 세우고 전진하고 후퇴하기를 거듭해야 한다. 흔히 이런 목표를 〈스위트 스팟sweet spot〉이라 부르는데, 실제 훈련 과정은 전혀 스위트하지 않다. 만약 웃으며 연습을 하고 있다면 그건 연습을 대충한다는 의미다. 심층 연습을 하는 중에는 웃을 여유가 없다. 세계 최고의 선수들조차 심층 연습은 하루 4시간 이상 하기 힘들 정도다.

이렇게 목표가 버거우면 자연스럽게 실수를 하게 마련이다. 심층 훈련의 본질은 이 실수를 포착해서 연습 포인트로 삼아 끊임없이 교정하는 과정이다. 〈오늘은 하루 종일 이 부분만 죽어라 해서 바로잡겠다.〉 이런 마인드로 분명하게 개선할 점을 정해서 완전히 숙달할 때까지 연습한다. 실수를 더 많이 허용하고 끈질기게 교정할수록 능력이 커지고 기술은 우아해진다. 훈련에서 실수를 많이 할수록 실전에서는 실수를 하지 않는다는 점이 이 훈련의 역설이다.

심층 연습의 또 다른 역설은 속도에 있다. 실전에서 어떤 기술을 빠르고 정확하게 구사하고 싶다면 훈련에서는 속도를 늦춰야 한다. 특히 실수를 교정하는 반복적인 과정에서는 연습 속도를 한껏 늦추고 실수를 제대로 고치는 데 온 신경을 집중한다. 방을 어지르는 데 몇 분이면 충분하지만 제대로 다시 정돈하기 위해서는 몇 시간이 걸리는 것과 같다. 연습할 때 느린 속도로 충실히 교정할수록 실전에서는 점점 더 민첩해질 수 있다.

심층 연습을 하나의 프로세스로 정리하면 이렇다. 〈버거운 목표 → 시도 → 실수 → 교정(느린 속도, 긴장감)〉 이 과정의 반복이다. 이것은 새로운 이론이 아니다. 우리가 피아노를 배울 때를 생각해 보라. 뛰어난 선생은 내 실력보다 한 단계 위의 곡을 목표로 설정하고, 실수가 일어나는 지점을 포인트로 잡아 그 부분을 똑바로 연주할 수 있을 때까지 속도를 늦추고 집요하게 공략할 것을 요구한다. 현재 수준보다 한층 더 높은 목표와 실수, 그리고 반복되는 교정 과정은 자연스레 긴장감을 수반한다. 재능을 강점으로 만드는 훈련도 다르지 않아서 심층 훈련을 통해 임계점을 넘어서면 폭발적인 향상을 이룰 수 있다.

나(승완)는 세 번째 책인 『내 인생의 첫 책 쓰기』를 동료 한 명과 공동 집필하고 나서 심층 연습의 힘을 체감했다. 돌아보

면 고작 두 권의 책을 출간한 사람이 〈책 쓰기 책〉을 낸다는 것
자체가 버거운 목표였다. 그러다 보니 초고는 엉성하기 이를
데 없었다. 나는 초고를 처음부터 끝까지 10번 넘게 고쳐 썼고,
이어서 공저자와 원고를 교환하여 서로 5번씩 수정했다. 이 작
업은 매우 더디게 진행되어 초고를 쓸 때보다 2배 이상의 시간
이 걸렸다. 논리가 떨어지는 부분을 수정하고 내용이 엉성한
부분을 보안하는 작업을 거듭하는 과정은 심층 연습의 본질인
반복적 교정과 정확히 일치한다. 이 고된 과정을 거치며 나는
퇴고야말로 글쓰기 실력을 키우는 핵심임을 절감했다. 글을 고
쳐 쓸수록 문장력이 점점 좋아지는 걸 눈으로 확인했기 때문
이다.

　심층 훈련은 탁월함으로 가는 확실한 길이다. 이 길은 많은
연구의 조명을 받아 이미 훤히 드러나 있지만, 실천하기 매우
어렵다는 점에서 좁은 길이다. 같은 이유로 심층 훈련을 하겠
다고 마음먹는 순간 차별화된 존재가 될 수 있는 기회를 잡은
것이다. 맹자는 이렇게 말한다. 〈흐르는 물은 웅덩이를 채우지
않고는 앞으로 나아가지 않는다[流水之爲物也 不盈科不行]〉. 최
고가 되기 위해서는 흐르는 물이 되어야 하고, 직장인이 인디
워커로 변모하기 위해서는 심층 연습을 해야 한다. 인디 워커
는 연습의 맛을 안다. 그들은 연습을 지루하고 고된 과정 이상
의 탐험으로 인식한다. 그림, 공예, 춤, 글쓰기, 프레젠테이션,

그게 무엇이든지 간에 매일 같은 활동 속에서 새로움을 발견하고 가능성을 탐색한다. 성과는 과거의 것이고 목표는 미래의 것이다. 오로지 연습만이 현실이다.

필살기, 가장 잘하는 죽여주는 기술

직장인이라면 본인 명함을 꺼내서 회사 이름과 부서, 직책을 가려 보라. 그리고 스스로에게 물어보자. 회사를 나와 나의 힘으로 홀로 설 수 있는가? 이 질문에 자신 있게 〈그렇다〉고 대답할 수 있는 사람은 10퍼센트 내외에 불과하다. 직장과 직업은 다르다. 직장은 나를 보호해 주지 않는다. 하지만 직업은 나를 보호해 줄 수 있다. 단, 그 직업 안에 나만의 〈필살기〉가 있어야 한다. 필살기는 한마디로 〈차별적 전문성〉이다. 회사에 의존하지 않고 인디 워커로서 먹고살 수 있는 나만의 실력이 곧 필살기다.*

* 여기서 소개하는 필살기 내용은 변화경영 전문가 구본형이 계발한 〈필살기 창조 모델〉을 참고했다. 우리 두 저자는 오랫동안 이 모델을 스스로에게 적용해 왔으며, 홍승완은 『구본형의 필살기』 집필에 참여하고 〈필살기 창조〉 프로그램에서 코치로 활동하기도 했다.

가장 차별적이고 강력한 역량은 자신을 재료로 가장 자기다운 무기를 만들어 내는 것이다. 필살기는 다른 사람으로부터 배우는 게 아니라 내 안에서 최고와 최선을 주조해 내는 것이다. 그렇다면 실제로 나의 필살기를 어떻게 창조해야 할까?

지금 하고 있는 일이 필살기의 가장 확실한 기반

필살기를 만들 재료는 멀리 있지 않다. 지금 하고 있는 일 속에 필살기에 들어갈 기본 재료가 숨어 있다. 모든 직무는 하나의 큰 조각이 아닌 여러 세부 활동으로 이루어져 있다. 하나의 직무를 구성하는 작은 조각들을 과업task이라 부른다. 세부 과업들 중에는 상대적으로 중요한 일이 있고 그렇지 않은 것도 있다. 또 자신의 적성과 잘 맞아서 흥미를 돋우고 잘하는 태스크가 있고, 적성이 맞지 않아 할 때마다 고역이고 성과도 떨어지는 업무도 있다.

회사를 다니면서 필살기를 창조하려면 먼저 내가 하고 있는 일을 자세히 살펴보고 집중해야 할 과업을 선정해야 한다. 지금 어떤 일을 하고 있든 모든 과업은 그림 13의 네 가지 영역 중 하나에 들어간다.

프로젝트project 영역에는 회사가 중요하게 생각하고 나와도 잘 맞는 일들이 들어간다. 성취를 이뤄 내기에 가장 적합한 일로서, 필살기를 만들 때 가장 주목해야 할 요충지다. 여기에 회사에

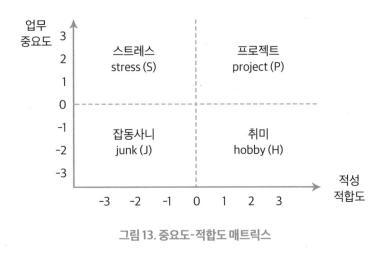

업무
중요도

스트레스
stress (S)

프로젝트
project (P)

잡동사니
junk (J)

취미
hobby (H)

적성
적합도

그림 13. 중요도-적합도 매트릭스

서 보내는 시간과 노력의 50퍼센트를 투입하는 것이 이상적이
다. 스트레스stress 영역은 회사에서는 중요하게 여기지만 내 적
성과는 잘 맞지 않아 가장 힘에 부치는 일들이다. 중요하지만 골
치 아픈 일들이 여기에 속한다. 노력의 30퍼센트 정도를 투자하
되 너무 잘하려고 하지 말고 평균적 수준을 유지하는 걸 목표로
삼는다. 이곳은 유망한 투자처가 아니다. 다만 중요성을 감안해
적절히 관리해야 한다.

취미hobby는 회사 입장에서는 별로 중요하지 않지만 내 적성
에 잘 맞는 일들이다. 당장의 성과에는 도움이 되지 않을지 모르
지만 새로운 수요를 찾아낸다면 유망한 블루오션으로 키울 수

있는 가능성의 영역이다. 필살기의 완성도를 높이기 위해서는 프로젝트 영역의 일만으로는 부족한 경우가 많다. 취미 영역을 간과하지 말고 시간과 노력의 20퍼센트 정도를 투자하여 자료를 모으고 틈틈이 연구하며 미래를 준비해 두는 게 현명하다. 마지막으로 잡동사니junk에 속하는 일들은 종종 쓸데없이 일의 흐름을 끊고 시간을 허비하게 한다. 가급적 그만두거나 줄여서 시간을 쓰지 말아야 한다.

쪼개면 일이 만만해진다

지금부터 인디 워커에게 꼭 필요한 필살기를 발견하는 작업을 해보자. 먼저 현재 하고 있는 일을 10~15개의 작은 과업들로 나누고 위의 4개의 바구니 속에 분류해 보자. 여기서 포인트는 현재 업무를 자세히 들여다보고 과업들의 우선순위를 살펴보는 것이다. 과업들을 다음 두 가지 질문에 따라 점수(-3부터 +3까지)를 매기고, 중요도-적합도 매트릭스의 사분면에 점을 찍어 보라.

1) 이 과업은 나의 강점에 얼마나 적합한 일인가? (적성 적합도)
2) 이 과업은 회사에서 얼마나 중요하게 여기는가? (업무 중요도)

여기서 적성 적합도는 본인의 강점 관점에서 점수를 부여한다. 그에 비해 업무 중요도는 회사 차원에서 점수를 부여한다. 직장인의 1차 고객은 자신이 몸담고 있는 회사다. 고용이라는 계약을 통해 나의 역량과 서비스를 장기적으로 구입한 고객이 바로 회사이기 때문이다. 아울러 회사가 중시하는 일들은 〈시장의 수요〉가 있음을 가리킨다. 그 일을 잘하면 시장에 팔 수 있고 경쟁력이 있다는 뜻이다.

일을 잘게 쪼개고 분류하는 작업을 할 때 처음부터 완벽하게 하려고 하지 말기 바란다. 80퍼센트 완성도로 만든다는 마음으로 시작하는 게 좋다. 본인의 직무 기술서와 지난 한 달간의 평균적인 업무 내역을 살펴보면 어렵지 않게 이 작업을 할 수 있다. 실제로 하다 보면 과업을 너무 크게 나눠서 전체 과업이 열 개가 채 안 되거나, 어떤 과업은 경계가 모호하여 어떤 바구니에 넣어야 할지 망설여질 때도 있다. 그렇더라도 일단 열 개 이상으로 세분화하고, 잠정적으로 가장 적합한 바구니를 찾아 넣어두고 나중에 수정하면 된다. 표 8과 그림 14를 참고하기 바란다.

세부 업무 개요(과업명)	중요도	적합도
핵심 교육의 전략적 프레임 개발에 참여한다. (프레임 개발)	3	3
교육 트렌드와 경쟁사의 교육 현황을 조사한다. (조사)	3	2
교육 이슈 파악을 위해 교육 담당자 모임을 진행한다. (모임 진행)	-1	-1
교육 수요를 조사하고 결과를 분석한다. (수요 파악)	3	1
인재 육성 방향과 교육 체계에 맞춰 교육 과정을 개발한다. (프로그램 개발)	2	3
외부 교육 회사와 프로그램을 기획하고 계약을 체결한다. (외주 관리)	1	2
교육 실행을 위해 관련 부서 및 경영진의 지원을 얻어 낸다. (지원 확보)	3	-1
교육 장소를 정하고 수강생을 지원하고 교육을 진행한다. (교육 운영)	2	-2
프로그램 내용을 직원에게 교육하고 강연한다. (사내 강의)	-1	3
교육 결과를 분석하여 개선 방향을 도출한다. (교육 피드백)	2	-1
연수팀의 HRD 역량 향상을 위해 프로그램을 기획하고 진행한다. (팀내 교육)	-2	3
교육 종료 후 교육생에 대한 이력을 입력 및 관리한다. (사후 관리)	2	1
인재 육성 및 관리를 위한 지원 제도를 수립한다. (인재 지원)	1	1
어학 교육 이력 관리를 통한 인사팀에 자료를 제공한다. (인사팀 지원)	1	-1
수강생 편의를 위해 e-HRD 시스템 환경을 개선 및 유지한다. (e-HRD 개선)	-1	-2

* 중견기업에서 인재 개발(HRD) 업무를 담당하는 7년차 직장인이 작성한 내용

표 8. 과업별 중요도-적합도 정리 사례

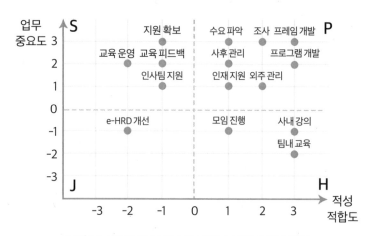

그림 14. 〈표 8〉을 토대로 한 중요도-적합도 업무 분포

집중 투자할 핵심 업무 선정하기

이제 〈중요도-적합도 매트릭스〉에서 필살기로 키울 3~5가지의 전략적 태스크를 정해 보자. 전략적 태스크가 너무 적으면 필살기가 빈약해지고, 너무 많으면 자원이 분산되어 필살기로 키울 수 없다. 이 점을 염두에 두고 다음 세 가지 기준으로 고른다.

첫째, 프로젝트 분면에서 적성 적합도가 가장 높은 과업들에 주목하자. 가장 부가가치가 높고 내가 잘하는 업무이다. 둘째, 취미 영역에서 가장 끌리는 과업을 선정한다. 강점이 있으면서 동시에 열정을 바칠 수 있는 태스크야말로 미래 필살기의 주춧돌로 적합하다. 앞의 인재 개발(HRD) 업무 담당자(그림 14)는

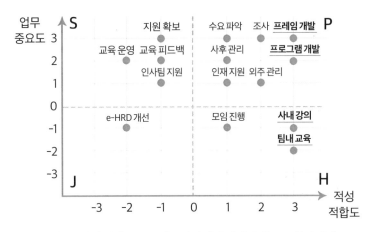

그림 15. 인재 개발(HRD) 업무 담당자의 전략적 태스크 선정 사례

이 두 기준에 따라 프로젝트 영역과 취미 영역에서 각각 2개씩 전략적 태스크를 선정했다. 그 결과는 그림 15(밑줄 표시)에서 확인할 수 있다. 셋째, 미래 수요가 돋보이는 태스크가 있다면 적합도가 1이나 2라도 고르자. 충분한 투자가 이루어지면 좋은 성과로 이어질 수 있다. 만약 현재 취미 영역의 과업이 너무 적다면 과거에 했던 업무나 본인의 취미 활동 중에서 현재 직무와 시너지가 날 수 있는 것을 포함시켜도 좋다.

필살기는 프로젝트와 취미 영역을 바탕으로 꽃필 가능성이 가장 높다. 스트레스 영역의 일을 필살기에 가져오는 건 차별적 역량을 키우는 관점에서 볼 때 현명한 투자가 아니다. 다만 앞서 선정한 전략적 과업을 수행하는 데 큰 걸림돌이 될 수 있는 일들은 평균 이상으로 잘 관리해 두어야 한다. 가령 강연을 필살기 과업으로 선정했는데 강의안 만들기가 스트레스 영역에 속한다고 해서 이 일을 포기해서는 안 된다. 강사에게 강의안은 필수이기 때문에 강의안 제작에 필요한 기본은 갖춰 두어야 한다.

구본형은 IBM 경영혁신팀에서 일할 때 두 가지 과업에 집중했다. 하나는 프로젝트 영역의 업무로 한국에 잘 맞는 혁신 프로그램을 개발하는 일이었다. 미국 IBM 본사에서 만든 혁신 프로그램은 국내 실정에 맞지 않는 경우가 많아서 이를 연구하고 변형하여 적용할 필요가 있었다. 또 하나는 취미 영역에서 나왔는데 다름 아닌 사내 강의였다. 회사에서는 그저 직원들에게 혁신 프로그램의 내용과 관련 제도를 안내하는 정도를 요구했지만, 그는 사람들이 강의에 몰두하고 실질적으로 행동하도록 동기부여하고 싶었다.

그는 이 두 가지 일에서만큼은 최고가 되자고 스스로를 몰아붙였다. 먼저 가급적 많은 시간을 두 가지 일에 투입했다. IBM 본사에서 주도하는 변화 프로그램을 시키는 대로 실행하는 수준의 행정가로 머물고 싶지 않았기에 한국에서 통하는 혁신 모델을 개발하는 일에 상당히 공을 들였다. 그는 퇴근 후 집에서 따로 공부하며 국내외의 경영 혁신 서적을 열심히 읽고 많은 조직 사례를 연구해서 다양한 혁신 모델을 잘 알게 되었고, 그 장단점들을 분석해서 더 좋은 모델을 개발할 수 있는 실력을 키웠다. 누가 시키지도 않았지만 경영혁신팀 안에 작은 도서관을 만들고, 팀원들과 외국의 경영 혁신 서적을 번역하기도 했다.

또 하나, 그는 강의장으로 끌려오다시피 한 직원들의 가슴에 혁신의 불꽃이 타오르게 하기 위해 최선을 다해 강의했다. 꼭 교육이 아니더라도 회의에서 발표를 하는 일도 커뮤니케이션 능력을 키우는 실전 훈련으로 삼았으며, 참석자 중 누군가에게서 〈참 인상적이었다〉라는 말이 나오게 하고 싶었다. 적어도 IBM에서 가장 뛰어난 사내 강사가 되리라 마음먹었고 실제로 그렇게 되었다. 구본형은 본인이 선택한 두 가지 과업에 집중함으로써 실무와 이론에 강의력까지 겸비한 변화경영 전문가로 성장할 수 있었다.

이처럼 자신이 선택한 전략적 과업에서만큼은 전문성과 차별성을 만들어 내기 위해 남다른 태도로 열중하고 시간과 자원을 투자해야 한다. 혹시 전략적 과업이 여러 개라면 우선순위를 정해서 1~2개 태스크부터 숙달하고, 그다음 순위의 태스크에 집중하는 게 효과적이다. 회사 일이기에 자주 할 수 있고, 더욱이 회사 입장에서 중요한 일이므로 부가가치가 높다. 본인 적성과도 잘 어울리므로 하면 할수록 보람도 있고 더 잘할 수 있다. 그리하여 가장 먼저 이 일에서만큼은 팀 내 최고가 되고 회사에서 고수가 되어야 한다. 그렇게 계속 노력하면 업계에서 실력자로 우뚝 서게 된다. 이것이 필살기와 함께 진화하는 슬로 커리어의 길이다.

같은 일을 비슷한 기간 하더라도 어떤 사람은 달인이 되고 어떤 사람은 그저 평범한 수준에 머물고 만다. 그 차이를 만들어 내는 것은 꾸준히 강점에 집중하는 것이다. 돋보기가 흩어지는 빛을 모아 종이를 뚫는 것처럼 한 곳에 집중적으로 자원을 투입할 때 자신만의 깊이를 지닐 수 있다. 자기 강점에 집중하여 필살기를 만들어 낸 사람은 전문가를 넘어 철학을 가진 대가가 될 수 있다. 피터 드러커가 〈강점을 살리는 사람은 일과 자기실현을 양립시킨다〉고 말한 이유다. 누구에게나 시간은 흐른다. 지금 여기서 내가 가진 최고의 재료를 가지고 최선을 다하기를 매일 거듭할 때 독보적인 나가 만들어진다. 그렇게 세월과 함께 성장하는 직업인이 진정한 인디 워커다.

퀵 러닝, 퇴근길 손 안의 학교

코로나 이후 재택 근무가 확대되고 있지만, 여전히 출퇴근은 직장인의 큰 짐이다. 직장인은 대략 얼만큼의 시간을 출퇴근에 쓰고 있을까? 한 취업 포털이 조사한 바에 따르면 수도권 지역 직장인들은 평균 1시간 55분을 출퇴근에 사용하는 것으로 나타났다. 이는 OECD 국가 중 가장 길며, 1년에 한 달(720시간)을 꼬박 길 위에서 보내고 있는 셈이다.

이 시간 동안 직장인들은 무엇을 하고 있을까? 주변에서 확인할 수 있듯이 대다수는 스마트폰을 보고 있다. IT 강국 대한민국의 아침은 손바닥만 한 화면에서 시작된다. OECD 국가 중 독서율 최하위라는 불명예는 스마트폰 보급률 세계 1위라는 사실과 대조를 이룬다. 우리나라 성인 10명 중 4명은 1년에 책을 한 권도 읽지 않는 반면 스마트폰 사용 시간은 매일 평균

3시간을 채운다. 그렇다고 이를 나무랄 수 있을까? 출퇴근에 2시간, 파김치가 되어 저녁을 먹고 집안일을 하고 가족과 대화하고 나면 어느새 잠자리에 들 시간이다. 출근길 지하철에서 틈을 비집고 책을 펼치는 것도 여간 성가신 게 아니다. 도대체 언제 공부할 수 있단 말인가?

퀵 러닝, 필요할 때 즉시 배운다

공부에 쓸 절대적 시간 부족은 독립 후 비교적 자유 시간이 많았던 나(승오)에게도 큰 고민이었다. 밀려드는 강연 요청에 바삐 전국을 다니느라 여유가 없었다. 운전하면서 책을 읽을 수는 없는 노릇이었다. 윌라welaaa 같은 오디오북 서비스를 이용해 보았지만 내가 읽고 싶은 책이 없는 경우가 다반사였다. 독립 이후 직장 생활을 할 때보다 오히려 독서량이 줄었다. 채우는 것 없이 기존의 것을 퍼다 쓰기만 하니 고갈되는 느낌이었다.

그러다 우연히 전자책의 TTS(Text to Speech) 서비스를 알게 되었다. 앱 자체에서 글자를 음성으로 변환해서 읽어 주는 기능인데, 처음에는 기계음이 다소 어색했지만 금세 익숙해졌다. 사용법도 간단해서 스마트폰에서 e북을 구매하여 다운받고, 〈듣기〉 버튼을 누르기만 하면 실행된다. 시중의 거의 대부분의 책들이 e북으로 출간되고 있으니 책 선택의 폭도 아주 넓었다. 조작도 간편해서 마음에 드는 내용이 있으면 클릭 한 번으로 북마크해 두면 나중에 〈독서 노트〉로 따로 모아 볼 수도 있고, 타이머 기능이 있어서 침대에서 듣다가 잠들어도 난청의 걱정이 없었다.

TTS 기능을 이용하니, 이동 시간을 비롯한 자투리 시간들이 살아나기 시작했다. 동기화 기능으로 어떤 기기에서도 읽던 페이지를 이어서 볼 수 있는데, 운전 중에는 스마트폰으로 듣고, 업무 중에는 노트북이나 이북 리더기로 읽었다. 듣기도 하고 읽기도 할 수 있다는 점은 큰 매력이었다. 새롭게 알게 된 것은 내가 읽는 것보다 듣는 것을 더 잘 기억한다는 사실이었다. 피터 드러커는 〈배우는 방식에는 시각형reader과 청각형listener이 있으며, 두 가지를 동시에 가진 사람은 드물다〉고 말했는데 내가 청각형이라는 것을 뒤늦게 알았다.

전자책뿐만이 아니다. 정보 기술의 발전은 그 어느 시기보다 쉽게 배울 수 있는 여러 도구를 제공하고 있다. 캐나다에 사는 23살의 평범한 청년 스콧 영Scott Young은 MIT에 입학하지 않고도 무료 공개 강의(OpenCourseWare)를 활용해 이 대학의 컴퓨터 과학과 4년 과정을 1년 만에 독파했다. 영은 자신의 독학 프로젝트를 〈MIT 챌린지〉로 명명하고 그 과정을 유튜브에 올려서 크게 주목받았다. 댓글을 통해 그는 자신처럼 인터넷 학습을 통해 삶을 바꾼 사람들이 상당히 많다는 사실도 알게 되었다. MIT 챌린지 후 그는 마이크로소프트 등의 입사 제안을 받았으나 거절하고, 대신 그간의 경험을 바탕으로 자기주도 학습에 대한 콘텐츠를 제공하는 회사를 창업했다. 이제 영의 사례는 더 이상 예외가 아니다.

바야흐로 디지털 기술이 교육과 만나 다양한 형태의 퀵 러닝 Quick Learning이 가능해졌다. 코로나19로 인해 대다수의 교육 내용들이 디지털로 전환되면서 퀵 러닝의 폭은 훨씬 확대되고 있다. 디지털과 코로나는 스마트폰만 있으면 언제 어디서든 필요한 지식을 즉시 배울 수 있는 뉴 러너의 시대를 열었다. 클래스101, 백미인, 탈잉 같은 국내 사이트를 비롯해 유데미, 마스터클래스처럼 해외 석학과 전문가의 강의를 들을 수 있는 유료 플랫폼도 많다. 테드TED처럼 한국어 자막을 제공하는 외국 강의도 많으니 그야말로 세계적인 강사들의 강의를 출근길 지하철 손바닥 안에서 볼 수 있게 되었다.

많은 직장인들이 대학원을 고려하지만, 업무 전문성 측면에선 크게 효과적인 대안은 아니다. 앞서 스콧 영이 인터넷으로 MIT를 수료했듯 대학원을 가지 않고도 배울 수 있는 수단이 너무나 많아졌기 때문이다. 대학원은 막대한 비용과 시간이 들고, 그마저도 코로나로 대부분 온라인 교육으로 전환되고 있다. 그 분야의 인맥을 쌓거나, 직업 특성상 석박사 학위가 꼭 필요한 경우가 아니라면 대학원은 필수가 아니다. 핵심 질문은 〈대학원을 진학할까?〉가 아니라 〈내가 지속적으로 공부하고 있는 가?〉이다. 바쁘다는 이유로 경험을 축적하지 못하고 새로운 기술을 배우지 못하는 것이 진정 문제다.

검색만 잘 하면 전 세계 전문가들의 지식을 무료로 얻을 수 있는 곳은 널려 있다. 대표적인 곳이 유튜브다. 일례로 유튜브의 톡스 앳 구글Talks at Google 채널은 유발 하라리, 맬컴 글래드웰 같은 석학들의 1시간 넘는 강의를 무료로 제공한다. 영어를 못해도 번역 기능으로 쉽게 자막을 볼 수도 있다. 꼭 석학의 강의가 아니더라도 내 관심 분야의 전문가 영상은 무궁무진하다. 유튜브 안에 내 〈개인 대학〉 계정을 하나 더 열어 보자. 회원 가입을 다시 하는 게 아니라 간단히 계정만 추가하는 것이므로 클릭 한 번으로 간단히 계정 전환이 가능하다. 이렇게 나만의 공부방 계정을 열고 내 관심 채널들만 구독하면 유튜브의 알고리즘이 비슷한 내용의 영상들을 추천해 주어서 채널을 확장하기 쉽고 관리도 편해진다. 자신만의 필살기를 만들려면 그 분야뿐만 아니라 주변 분야도 공부해서 연결해야 하기 때문에 이렇게 확장을 하는 것이 중요하다.

가능하다면 돈을 투자해서 유료 강의를 듣는 것도 권한다. 유료 강의는 양질의 콘텐츠를 볼 수 있다는 점 외에도 학습 이력 관리가 쉽고, 핵심을 간추린 요약 노트를 제공하는 등의 이점이 있다. 요약 노트가 있으면 정리할 때 좋고, 시간 관계상 뛰

클래스	URL	특징	비용
마스터 클래스	masterclass.com	각 분야의 최고들에게 듣는 수업. 경영은 밥 아이거, 글쓰기는 맬컴 글래드웰, 연기는 나탈리 포트만, 영화는 마틴 스콜세지에게 배울 수 있다.	연 180달러 (약 21만 원)
유데미	udemy.com	15만 개 이상의 강좌, 5천만 명 이상의 수강생을 확보한 세계적 온라인 학습 마켓 플레이스. 코딩, 디자인, 마케팅 등 다양한 과정이 있다.	과목당 15,000원부터
클래스 101	class101.net	미술, 운동, 경제, 커리어, 육아 등 다양한 강의를 들을 수 있다. 특히 미술, 공예 등의 콘텐츠가 인기가 많다.	과목당 월 1만원~5만원
바이블	vible.co	한국판 마스터클래스. 조정래의 문예 창작, 박찬욱의 영화 연출, 박찬암의 화이트 해커 입문 등 유명인들의 강의를 들을 수 있다.	연 20만 원
탈잉	taling.net	탈잉은 〈잉여 탈출〉의 줄임말로, 다양한 재능을 공유하는 마켓이다. 디자인, 실무 역량, 영상 편집, 뷰티 등 2,000여 개의 강좌가 있다.	과목당 1만 원~5만 원
MKYU	mkyu.co.kr	강사이자 유튜버인 김미경이 운영하는 유튜브 대학. 1인 기업 마케팅 등의 비즈니스 관련 콘텐츠가 많다.	연 회원 99,000원
백미인	100miin.com	영어 독해에서부터 살림, 경제, 다양한 인터넷 강의를 비교적 저렴한 가격에 수강할 수 있다.	과목당 1만 원~5만 원
윌라	welaaa.com	성우가 직접 읽어 주는 오디오북 서비스. 스토리텔(storytel.com), 밀리의 서재(millie.co.kr) 등에서도 오디오북을 들을 수 있다.	월 9,900원부터

* 비용은 서비스 정책에 따라 변동 가능

표 9. 퀵 러닝을 도와주는 대표적인 유료 강의 플랫폼

어넘은 내용도 볼 수 있다. 강사에게 직접 질문을 하거나 스카이프 통화로 코칭을 받을 수도 있다. 예를 들어 마스터클래스에서 시나리오를 가르치는 영화감독 베르너 헤어조크는 〈100마일을 걸으며 떠오른 생각들을 시나리오로 작성하라〉는 과제를 내주고 개별적으로 코칭을 해준다. 한 달에 몇 만 원만 투자하면 대학원 몇 군데를 다니는 것과 같은 효과를 볼 수 있다. 추천할 만한 유료 강의를 표 9에 정리해 두었다.

과거에는 오랜 시간이 걸리던 전문적인 교육도 디지털 기술 덕분에 단기간에 끝낼 수 있게 되었다. 국립 도서관에서 사서로 근무하는 30대 여성은 온라인 교육으로 통계학과 데이터 시각화에 관한 두 개의 수업을 틈틈이 들었다. 도서관에 산재한 자료를 체계적으로 분석하고 한눈에 들어오게 표현할 수 있는 새로운 무기를 갖춘 것이다. 그녀는 덕분에 도서관의 디지털 전환 프로젝트의 중요한 역할을 맡게 되었다. 나(승완) 또한 코로나19 이후 대부분의 강의를 온라인으로 진행하는 기술을 퀵러닝으로 배웠다.

자신의 관심 분야 외에 꼭 배우기를 추천하는 것이 디지털 기술이다. 특히 장차 1인 기업 창업을 고려하고 있다면 디지털 기술은 필수다. 1인 기업의 특성상 여러 역할을 수행해야 하기 때문이다. 이는 디지털의 도움 없이는 불가능에 가깝다. 무엇보다 SNS나 유튜브 등 디지털 플랫폼을 활용한 마케팅 기술을 배우는 것은 매우 중요하다.

때로는 비슷한 관심사의 사람들과 인터넷에서 교류하는 것도 좋다. 젊은 직장인들이 많이 찾는 〈트레바리〉, 트렌드에 민감한 전문직이 많이 찾는 〈폴인〉, 여성만을 위한 멤버십 커뮤니티 〈헤이 조이스〉, 스타트업에 관심 있는 직장인들이 많이 모이는 〈위넷〉 등 조금만 관심을 가지고 찾아보면 다양한 관심사를 공유하는 웹 기반 커뮤니티들이 아주 많다. 좋은 커뮤니티는 지식을 나누는 데 그치지 않고 구성원 각자의 경험을 공유하고 함께 실험하는 〈공동 실험실〉이 된다. 또한 이런 모임을 통해 심리적 동질감을 얻을 수 있다. 슬로 커리어는 외로움을 수반할 수 있는데, 이때 서로를 존중하고 마음이 통하는 사람들과의 교감은 든든한 버팀목이 된다.

퀵 아카이빙, 디지털로 축적하고 홍보한다

좋은 배움은 받아들이는 것으로 그치지 않는다. 효과적인 학습의 원리 가운데 하나는 직접 표현해 보는 것이다. 내가 배운 것을 글로 써보거나 말로 가르쳐 봄으로써 더욱 많이 배울 수 있다. 백 번 듣는 것보다 한 번 보는 게 낫고, 백 번 보는 것보다 한 번 하는 게 낫다. 그러나 최고의 학습법은 한번 가르쳐 보는 것이다. 누군가를 가르치기 위해 다양한 각도에서 주제를 바라보고 표현을 다듬다 보면 배움의 깊이가 한층 깊어진다. 미국 행동과학연구소(NTL)의 〈학습 효과 피라미드〉 연구는 중요한 시사점을 보여 준다. 학습 피라미드는 학습을 마치고 24시간이 지났을 때 배운 것을 기억하는 비율(학습 내용 평균 잔존율)을 각 공부 방법별로 나타낸 것이다. 연구에 따르면 강의 듣기의 평균 기억 잔존율은 5퍼센트, 읽으면서 하는 공부는 10퍼센트 정도다. 이에 비해 그룹 토론은 50퍼센트, 직접 해보기(연습)는 75퍼센트, 타인 가르치기는 90퍼센트의 효과를 보인다.

〈이지 컴, 이지 고easy come, easy go〉라는 말처럼 퀵 러닝으로 빠르게 습득한 지식은 자칫 빠르게 소멸될 수 있다. 지식을 흘려보내지 않고 붙들려면 배운 즉시 타인에게 전할 목적으로 새롭게 표현해 보는 것이 중요하다. 다행히 디지털 기술은 학습뿐만 아니라 축적에도 효과적이다. 블로그, 브런치, 페이스북, 유튜브 등의 플랫폼은 비교적 쉽게 자신의 배움을 표현하고 축적할 수 있는 〈퀵 아카이빙Quick Archiving〉 환경을 제공한다. 참신한 아이디어나 작은 성과가 있으면 언제 어디서든 간편히 편집하여 업로드하는 것이 퀵 아카이빙이다. 많은 준비와 학습이 필요했던 예전과는 달리 이제는 누구든 쉽게 콘텐츠를 제작할 수 있다. 영상 편집만 해도 요즘은 파이널 컷 프로나 블로VIlo 등의 앱으로 모바일 편집이 가능해졌다. 실제로 내(승오)가 유튜브 〈인디 워커〉에 올리는 모든 영상은 촬영과 편집, 후시 녹음, 업로드까지 모두 스마트폰으로 하고 있다.

게다가 디지털 플랫폼은 축적과 홍보가 동시에 일어난다. 자신이 공부한 것을 잘 편집하여 블로그나 유튜브에 올리면, 인공 지능은 이를 분석해 특정 집단에 콘텐츠를 추천한다. 기본적으로 추천 콘텐츠 선정 알고리즘의 기준은 꾸준함과 고객의 반응이다. 꾸준히 양질의 콘텐츠를 올리면 어느 순간 자신의 콘텐츠가 〈떡상(추천 콘텐츠로 선정되어 조회 수가 급증하는 현상)〉하게 되고, 동시에 많은 이들이 나의 콘텐츠를 구독하게 된다. 이것은 향후 당신의 비즈니스에 큰 도움이 될 것이다.

이제는 단순히 좋은 서비스와 제품을 만드는 것만으로는 부족하다. 성과performance와 성공success은 다르기 때문이다. 성공이란 나의 성과에 대한 타인의 인식이다. 아무리 좋은 책을 써도 대중이 이해하지 못하면 성공이라 보기 어렵다. 직장에서도 자신은 성과를 냈다고 생각하는데 상사와 고객은 그렇게 느끼지 못하는 경우도 많다. 실력과 내공을 갖추는 것만큼이나 다른 사람이 그걸 알아볼 수 있도록 알리는 활동 또한 중요하다. 디지털 환경에서 자신의 작업을 알리려면 꾸준히 하는 아카이빙이 핵심이다. 익명성으로 인해 온갖 사이비가 난무하는 온라인 환경에서 고객의 신뢰는 검증된 콘텐츠와 누적된 성과로부터 나온다.

퀵 아카이빙이 가진 또 하나의 장점은 창작자의 〈몰입〉을 끌어낸다는 점이다. 몰입 분야의 대가인 칙센트미하이 교수가 밝

혔듯 몰입에는 타인으로부터의 실시간 피드백이 중요하다. 예컨대 직장의 업무는 복잡하게 얽혀 있어 고객의 만족도나 실질적인 성과를 알기 어렵고, 설령 안다고 하더라도 시간이 한참 지난 후이기 때문에 쉽게 몰입하기 어렵다. 반면 디지털은 콘텐츠를 올린 즉시 〈좋아요〉나 구독, 댓글 등을 통해 즉각적으로 피드백을 받게 되므로 자연스럽게 몰입하게 된다. 유튜브와 블로그를 취미처럼 즐기면서 하는 사람이 많은 이유다. 나아가 피드백을 통해 고객들이 원하는 것이 무엇인지 역으로 추적할 수도 있다. 실제로 많은 콘텐츠 창작자들은 고객의 반응에 따라 자신의 콘텐츠 주제를 피봇팅(pivoting, 방향성을 조금씩 수정)해 간다.

천천히 가는 슬로 커리어에 왜 퀵 러닝, 퀵 아카이빙 등의 〈퀵〉이 필요하냐고 물을지도 모르겠다. 오늘날의 커리어 개발에는 몇 년간 깊이 파고드는 석박사형 공부가 필요한 것이 아니다. 현대의 전문성은 최신 지식과 기술을 다양하게 조합하여 해결책을 도출하는 데 있다. 이를 위해 본인의 전문 분야 외에도 주변의 다른 분야를 넓게 배워 빠르게 연결시키는 통합형 학습이 필요하다. 그러므로 커리어는 천천히 나아가되 배움은 필요한 때 즉시 빠르게 흡수해야 한다. 〈슬로 슬로, 퀵 퀵〉 춤꾼이 능숙하게 스텝을 밟듯, 재빨리 배우고 능숙하게 연결하며 미끄러지듯 나아가야 한다.

이직, 언제 어떻게 할 것인가?

한 채용 포털 사이트의 설문 조사에 따르면 10명의 직장인 중 7명이 현재 직장에서 존버(악착같이 버티기)하고 있다고 답했다. 앞의 〈중요도-적합도 매트릭스〉 개념을 접한 많은 직장인들이 본인 업무가 스트레스(S) 영역, 즉 자신과 잘 맞지 않음에도 해야만 하는 과업들에 몰려 있다고 토로한다. 그런데 자세히 살펴보면 〈성실함의 관문〉을 통과하지 못해 회사가 기회를 열어 주지 않았거나 본인 실력을 강점 수준으로 개발하지 못한 경우도 적지 않다. 먼저 냉철하게 자신의 성실성을 돌아볼 필요가 있다.

이직의 최적 타이밍

만약 성실하게 노력하고 있음에도 여전히 S 영역의 일이 너무 많다면 자신의 강점을 살리는 업무로 전환을 고려해야 한다. 이직보다는 회사 내부 이동이 리스크가 적다. 회사에 직무 순환 제도가 있다면 적극 활용하고, 상사와의 경력 개발(CDP) 면담에서 적절한 시점에 옮겨 줄 것을 요청해 보라. 시간이 다소 걸리겠지만 업무를 바꿀 기회는 오게 마련이다.

회사는 직무를 전환한 사람에게 신입 사원이 아닌 경력직 수준의 성과를 기대한다. 그러므로 앞으로 맡고 싶은 직무를 미리 공부해 둬야 한다. 아울러 옮기고 싶은 부서에 미리 눈도장을 찍어 두는 것도 필요하다. 단, 소문을 조심해야 한다. 배신자 낙인만큼 조직 생활을 힘들게 하는 것도 없다. 가능한 한 은밀하게 관련 부서의 믿을 만한 사람의 옆구리를 넌지시 찔러 두고, 옮길 때도 가급적 현재 부서에 부담이 되지 않는 시점을 택하는 게 좋다. 그래야 뒷말이 적고 새 부서에 적응하기도 수월하다.

스트레스(S)가 아닌 취미(H) 영역에 많은 점들이 찍혀 있다면 어떻게 해야 할까? 이는 자신이 일하는 분야를 좋아하지만 그것이 회사의 전략이나 방향과는 어울리지 않는 경우다. 소위 〈궁합〉이 잘 맞지 않는 것이다. 이때는 다른 회사로의 이직을 모색해야 한다. 회사의 업무 중요도의 순위는 좀처럼 변하지 않기 때문이다. 같은 기업 교육(HRD) 업무라고 해도 교육 과정 개발을 최우선으로 삼는 조직이 있고, 강의를 중요시하는

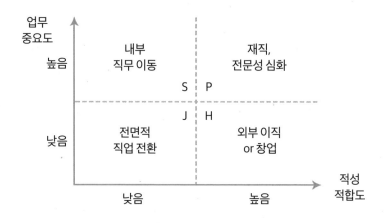

그림 16. 매트릭스 분석에 따른 이직 전략

회사도 있으며 운영이나 영업에 초점을 맞추는 곳도 있다. 내 (승오)가 첫 직장인 한국 카네기 연구소에서 일할 때가 이런 상황이었다.

나는 교육 프로그램 개발 업무를 잘하고 좋아했지만 회사는 미국 본사의 〈데일 카네기 코스(DCC)〉 등의 교육 과정을 그대로 도입했기에 자체적으로 교육 과정을 만드는 데 관심이 없었다. 나는 〈나침반 프로그램〉을 스스로 만들어 주말에 운영했지만 회사는 그마저 탐탁지 않게 여겼다. 결국 고민 끝에 교육 과정 개발이 우선 업무인 회사로 옮겼다. 두 번째 직장인 마이다스아이티는 대기업 벤처로 출발해 독립한 지 얼마 안 된 신생

기업이었다. 해마다 급속도로 성장하고 있어서 교육 프로그램이 전무하다시피 했으며, 내가 유일한 교육 담당자였기에 새롭게 만들어야 할 교육 과정이 무척 많았다. 한 달간의 신입 사원 교육을 비롯해 많은 교육 프로그램들을 개발했는데 그때 고생하며 만든 교육 과정들이 지금 내 사업의 뼈대를 이루고 있다.

자문해 보자. 지금 회사에서 앞으로 3년 정도 더 일한다면 나의 강점과 필살기가 더욱 견고해질 것인가? 회사에서 주어진 일이 자신의 강점과 어울리지 않는다면 이직을 고려해야 한다. 연봉과 직책 등의 근무 조건은 중요하긴 하지만 첫 번째는 아니다. 실제로 그렇게 이직을 결정했다가 후회하는 경우가 많다. 2020년 한 취업 포털의 조사에서 이직한 경험이 있는 직장인 중 절반 이상(52.6%)이 이직을 후회해 퇴사한 경험이 있는데 퇴사 이유는 〈업무 내용이 생각과 달라서〉가 47.1퍼센트(복수 응답)로 압도적으로 많았다. 요컨대 이직의 포인트는 조건이나 환경이 아닌 무엇보다도 일의 내용이 되어야 한다.

이직하고 싶다고 해서 무작정 직장을 그만두어선 안 된다. 이직의 불문율은 〈회사에 적을 두고 이직을 준비하라〉는 것이다. 절대로 감정에 치우쳐 사표부터 던지면 안 된다. 사표는 엎질러진 물과 같아서 주워 담기 어렵다. 회사를 그만두고 싶다고 동료에게 말하는 것도 득보다 실이 크다. 비밀 유지 약속을 받아도 얼마 지나지 않아 모두가 알게 된다. 실력이 출중하다고 해도 퇴사 조짐을 보이는 사람에게 우호적인 회사는 없다. 나중에 이직하고 싶은 회사에서 진행하는 평판 조회에도 악영향을 미칠 수 있다.

무엇보다 성급하게 퇴직한 후 일자리를 구하다 보면 마음이 조급해져서 충분히 숙고하지 못한 채 어영부영 비슷한 업무의 회사에 들어갈 가능성이 높다. 이직할 회사와 연봉을 협상할 때도 불리하다. 보통 이전 직장의 연봉을 기준으로 인상된 연봉을 제안하지만, 이미 퇴사한 사람에게는 여러 핑계를 대며 전 직장 수준의 연봉을 제시하거나 심지어 깎는 수도 있다. 그러니 무작정 퇴사하지 말고 준비하며 때를 기다려야 한다.

물론 나이가 너무 많으면 이직이 현실적으로 어려워진다. 연봉은 높은데 지나치게 전문적인 업무를 하고 있다면 다른 회사와 업무 호환이 쉽지 않기 때문이다. 일반적으로 입사 후 10년 차 이하일 때가 이직의 적기다. 업무 기본기를 갖추고 있으면서도 너무 전문적이지 않아 쉽게 업무에 적응하기 때문이다.

어디로 옮겨야 할까?

이직의 첫 번째 요건은 업무의 내용이다. 그러나 단순히 채용 공고나 직무기술서(JD)만으로는 업무를 속속들이 알 수 없다. 가장 좋은 방법은 비슷한 업무를 하고 있는 사람을 소개받아 직접 만나는 것이다. 전화나 메일을 통해 만남을 요청하자.

〈저는 지금 이런 일을 하는데, 제 강점을 볼 때 이런 업무에도 관심이 갑니다. 실제로 이 일을 하고 계신 것 같아 조언을 구하고자 연락을 드립니다〉 하고 말하면 된다.

만남에서 중요한 점은 그 업무가 실제로 나의 강점에 부합하는지 확인하는 것이다. 구체적으로 어떤 일을 하는지, 어떤 지식이나 기술이 필요한지, 가장 보람을 느끼는 때는 언제인지, 가장 싫은 점은 무엇인지 등을 묻고 메모한다. 마지막으로, 비슷한 일을 하는 다른 사람을 소개해 달라고 요청한다. 이런 식으로 서너 사람을 만나 보면 그 업무에 대한 믿을 만한 정보와 현실적인 조언을 얻을 수 있다. 운이 좋으면 자리가 비었다며 인사팀 사람을 소개해 주거나 면접을 주선해 줄 수도 있다. 적극적인 만남을 통해서만 가능한 일이다.

만남에서 업무에 대한 정보 외에 확인해야 할 사항은 그 회사의 비전과 문화다. 이는 회사 홈페이지나 채용 공고를 통해 확인하기 어렵다. 그 회사에 다니는 사람을 통해 무대 뒤를 확인해야 한다. 앞서 언급한 이직 후 다시 퇴사한 요인을 알아본 조사에서 〈회사의 비전이 불투명해서〉(32.7%)와 〈기업 문화에 적응하기 힘들어서〉(27%)가 상위에 속했음을 명심하자. 회사의 암묵적인 문화가 당신의 1순위 직업 가치와 충돌하거나, 가장 하위의 직업 가치를 회사가 중시한다면 그곳은 당신과 잘 맞는 일터가 아니다. 직무의 궁합 못지않게 중요한 것이 가치의 궁합이다.

지나치게 개인의 희생을 강요하거나 경영자의 지배욕이 너무 강한 회사, 현장에서 실무자의 판단보다는 매뉴얼에 따라 일하기를 바라는 회사는 슬로 커리어에 바람직하지 않다. 다른 조건(연봉, 직위 등)이 조금 떨어지더라도 수평적이고 개방적인 회사, 상품이나 서비스의 품질에 고집이 있는 회사, 직원이 스스로 판단하고 주도적으로 일하는 걸 선호하는 회사, 개인의 자율적 커리어를 지원해 주는 회사를 택하는 것이 장기적으로 현명하다.

나는 두 번째 직장에서 업무에는 잘 적응했지만 회사의 문화에는 그렇지 못했다. 여러 언론에서 〈꿈의 직장〉으로 자주 소개된 회사였지만 현실은 많이 달랐다. 경영자가 1년 365일, 설과 추석 당일에도 출근하는 일중독이다 보니 회사 전체에 과로 문화가 만연했다. 밤 10시까지 야근과 주말 출근은 다반사였고, 심지어 일이 없는 주말에도 회사 행사가 잡혀 있었다. 건설 회사 특유의 상명하복 문화와 CEO에 의해 갑자기 결정되는 잦은 인사이동 때문에 나는 원형 탈모가 생길 정도로 심한 스트레스에 시달렸다. 결국 2년 만에 다시 회사를 옮겨야 했다. 조직 문화를 간과하고 입사한 내 탓이 컸다. 그러므로 이직하기 전 그회사의 문화와 직원들의 실제 생활을 알아봐야 한다.

성공적인 이직을 위한 실전 노하우

기회는 쉽게 찾아오지 않는다. 후회 없는 이직을 원한다면 미리 준비해 두어야 한다. 무슨 준비를 어떻게 해야 할까? 가장 기본적인 것은 세 가지다.

첫 번째, 내세울 수 있는 성과가 담긴 이력서다. 이직은 고객에게 상품을 파는 일과 유사해서 제값을 받으려면 고객에게 줄 수 있는 효용이 확실해야 한다. 고객은 검증된 제품을 가장 선호한다. 주기적으로 자신의 성과, 상사/고객의 칭찬 사례, 전문성이 향상된 증거 등을 수집해서 이력서를 업데이트해 두자.

두 번째는 평판이다. 채용 담당자가 평판을 조사하는 일은 매우 흔하며, 회사의 동료들이 이직 대상자에 대해 굳이 나쁘게 말하지 않는다는 걸 담당자들도 알고 있다. 그럼에도 평판 조회를 하는 이유는 최악의 경우를 피하기 위해서다. 평이 좋다고 채용 여부가 결정되는 건 아니지만 평이 나쁘면 거의 확실하게 탈락한다. 평소 근태, 약속, 납기 준수 등의 기본 태도뿐 아니라 직장 내 인간관계를 신경 써야 하는 이유다.

세 번째는 이직 동기에 대한 명확한 생각이다. 적어도 두 가지 질문에 스스로 분명하고 설득력 있게 답할 수 있어야 한다. 〈우리 회사가 왜 당신을 뽑아야 하는가?〉, 〈나는 이 회사에 왜 입사하려고 하는가?〉 아울러 지원하는 직무에 가장 잘 어울리는 사람임을 구체적으로 증명할 수 있어야 한다. 앞서 2장에서 다룬 여러 가지 질문들이 자기 증명에 도움을 줄 것이다.

준비를 다 마쳤다면 어떻게 원하는 회사에 들어갈 수 있을까? 가장 추천하는 방법은 헤드헌터를 활용하는 것이다. 취업 포털의 구인 공고를 활용할 수도 있지만, 그것만으로는 구체적인 업무 내용이나 조직 분위기를 알기 어렵다. 실력 있는 헤드헌터는 직장에 대한 정보만 주는 게 아니라 업계 동향, 상세 직무 내용, 조직 분위기, 향후 진로 등 커리어 전반을 조언해 줄 수 있다. 헤드헌터의 연락처는 잡포털이나 서치펌 홈페이지의 채용 공고에서 쉽게 구할 수 있다. 또 헤드헌터는 기업 측에서만 수수료를 받으니 비용 부담도 없다.

헤드헌터들은 그 많은 수만큼이나 실력도 천차만별이다. 어떤 헤드헌터가 평범한 〈이직 중개인〉인지 아니면 뛰어난 〈커리어 컨설턴트〉인지 어떻게 알 수 있을까? 해당 포지션에 대해 자세히 질문해 보면 된다. 채용 배경과 구체적인 업무, 그리고 그 회사가 선호하는 인재상 등을 제대로 대답하지 못한다면 이직 중개인일 뿐이다. 일련의 질문에 정확하게 상세히 답할 수 있는 유능한 헤드헌터라면 향후에도 경력 개발에 도움을 받을 수 있다.

뛰어난 커리어 컨설턴트를 찾았다면 가급적 직접 만나 스스로를 소개하는 게 좋다. 구체적으로 어떤 업무를 찾고 있는지, 향후 어떤 경력을 쌓고 싶은지 설명하고 조언을 구해 보라. 그와의 미팅을 모의 면접이라 생각하고 자신의 경험과 전문성을 어필하면 여태 몰랐던 포지션의 기회를 찾을 수도 있다. 때로는 면접을 위한 맞춤 코칭을 해주기도 한다.

면접은 이직에서 필수적인 과정이다. 면접관이 던지는 질문의 〈의도〉를 파악하는 게 중요하다. 이직 동기나 지원 동기를 묻는 질문에는 지금 직장에서 무슨 문제가 있어 옮기려는 건지 확인하려는 의도가 숨어 있다. 힘들었던 점과 극복 스토리를 묻는 질문은 금방 포기할 사람은 아닌지 알아보는 것이다. 질문 뒤에 숨은 의도를 파악하면 면접관이 듣고자 하는 답변의 맥락에서 본인을 어필할 수 있다. 만약 자기소개를 요청받았다면 어린 시절부터 거슬러 올라가 이야기할 게 아니라, 본인이 지원한 포지션과 관련된 경험들을 연결하여 답해야 한다. 회사 입장에서 보면, 회사는 직원에게 배움이나 경험을 베푸는 곳이 아님을 잊지 말자. 회사는 이직 후 곧바로 성과를 내면서 동시에 그 조직의 문화와 어울리는 사람을 원한다. 이 점을 명료하게 보여 주어야 한다.

면접관은 실제 사례를 듣고 싶어 한다. 뻔한 대답을 늘어놓는 구직자들이 많기 때문이다. 〈이전 직장에서 이런 문제가 있었는데 이렇게 해결했다〉는 식으로 구체적인 사건을 제시해야 한다. 다만 이전 직장의 부정적인 면을 강조하면 자칫 남 탓을 하는 성향으로 비칠 수 있으니 주의해야 한다. 무엇보다 진정성을 보이는 것이 중요하다. 진정성을 어떻게 보여 줄지 설명하기는 어렵지만 묘하게도 모든 면접관은 분명하게 느낀다. 말이 어눌하더라도 열정과 절실함을 품은 사람은 울림이 다르기 때문이다.

세 번째 직장이었던 LG전자 연수원으로 이직할 때 나는 믿을 만한 헤드헌터를 만났다. 그는 면접 전에 나를 만나 내가 하게 될 구체적인 업무(신입 사원 교육)와 회사에서 선호하는 인재상, 연수원의 분위기, 심지어 해당 부서 임원(연수원장)의 성향까지 알려 주었다. 면접 당일 나는 이전 직장에서 기획한 한 달간의 신입 사원 교육 프로그램 기획서를 크게 인쇄해 가져갔다. 그날따라 긴장한 탓에 날카로운 면접 질문에 말을 더듬거리며 뻔한 대답을 늘어놓았다. 등 뒤로 식은땀이 흐르며 〈망했다〉는 생각이 스칠 때쯤, 연수원장이 마지막으로 더 하고 싶은 말이 있는지 물었다. 나는 가방에서 그 기획서를 꺼내 보여 주었다. 그는 멈칫하며 물끄러미 그 종이를 내려다보더니 그걸 참고용으로 제출해 줄 수 있는지 물었다. 〈드리려고 가져왔다〉고 짧게 답하고 인사하고 면접장을 나왔다. 나중에 입사해서 들은 이야기지만 연수원장은 면접 후 직원들에게 그 기획서를 돌리며 〈이걸 참고해서 신입 사원 교육을 개선하라〉고 주문했다고 한다. 진정성 담긴 한 장의 기획서가 합격에 결정적인 역할을 한 것이다.

자신의 방향성을 찾았다면 주어지는 일을 성실하게 하는 것만이 능사는 아니다. 인간은 환경의 동물이다. 자신의 능력을 극대화할 수 있는 환경을 스스로 선택하고 조성할 줄 알아야 한다. 그렇다고 영악한 철새가 되어 이리저리 떠돌아서는 안 된다. 인디 워커는 자신의 강점과 몸담고 있는 조직의 방향을 꾸준히 조율하며 나에게 맞는 자리를 만들어 나간다. 그곳에 보람과 기회가 존재하기 때문이다.

창직, 내가 직업이다

〈평생 직장〉은 오래전에 직장인의 유물이 되었다. 〈평생 직업〉 역시 인간의 수명이 늘어남에 따라 낡은 개념이 되고 있다. 평생 하나의 직업에 몸담는 사람은 거의 없으며, 대부분 여러 번 직업을 바꾼다. 때문에 스스로 새로운 직업을 만드는 〈창직(創職)〉 능력이 점점 중요해지고 있다. 창직은 일에 나를 맞추는 대신 나에게 맞는 일을 새롭게 만드는 것이다.

과학 기술의 눈부신 발전 덕분에 〈맞춤 직업〉을 설계할 수 있는 여건이 형성되고 있다. 특히 IT 기술이 커리어 개발에 놀라운 변화를 일으키면서 인터넷, 온라인 상거래 플랫폼, SNS, 유튜브 등 내가 가진 콘텐츠를 소개하고 판매할 수 있는 방식이 매우 다양해지고 있다. 소비자의 욕구도 분화하면서 이전에는 존재하지 않던 수많은 틈새시장이 만들어지고 있다. 많은 미래학자와 트렌드 전문가들은 이런 추세가 앞으로 더욱 커지고 빨라질 거라고 입을 모은다.

이택상주, 마르지 않는 두 연못의 비밀

어떻게 가장 나다운 직업을 창조하고 진화해 나갈 것인가? 옛 선조들의 지혜에서 실마리를 찾을 수 있다. 일찍부터 최고의 정원에는 연못이 하나가 아닌 두 개가 있었다. 조선 최고의 정원으로 손꼽히는 담양 소쇄원에도 연못 두 개가 이어져 있고, 담장 없이 주변 자연과 조화롭게 자리한 명옥헌도 윗못과 아랫못이 연결되어 있다. 다산 정약용의 유배지로 유명한 강진의 다산초당 역시 지금과 달리 서로 이어진 연못이 두 개 있었다. 옛 사람들은 왜 하나로 충분한 공간에 두 개의 연못을 만들었을까? 여기에는 깊은 뜻이 담겨 있다. 두 연못이 이어져 서로 물을 대주면 어느 한쪽이 마르는 일이 없다는, 이른바 이택상주(麗澤相注) 정신이다.

새롭게 나의 직업을 창조할 때도 이택상주의 지혜를 활용할 수 있다. 인접한 두 연못이 서로를 윤택하게 하듯이 두 개의 분야를 연결하여 시너지를 낼 수 있는 직업을 만드는 것이다. 두 분야 중 하나는 전문 분야이고 다른 하나는 차별 분야이다. 직업적으로 성공하는 가장 기본적인 전략은 한 분야를 들이파는 것이다. 깊게 파야 제대로 된 우물을 얻을 수 있다. 하지만 한 분야에만 치중하다 보면 자신이 통제할 수 없는 메가 트렌드, 예컨대 4차 산업혁명과 인공 지능 등의 변화로 직업이 위태로워질 수 있다. 또한 한 우물만 파다 보면 자칫 우물 안 개구리처럼 편협해질 수도 있다. 독보성은 전문성에 차별성이 더해져야 가능하다. 두 분야를 창조적으로 결합할 때 전문성을 심화하고 어떤 환경의 변화에도 마르지 않는 우물을 얻을 수 있다.

80세가 넘어서도 눈부신 생산성을 보인 피터 드러커는 어떤 분야에서 오래된 지식도 다른 분야에 적용하면 새로워질 수 있음을 잘 알고 있었다. 그래서 일찍부터 어떤 직업에서든 최고가 되려면 적어도 두 가지 분야에 정통해야 한다고 주장했다. 두 가지에 정통하면 둘을 결합하여 상당한 지식을 쌓을 수 있는 동시에, 새로운 시각과 방법론에 대해 늘 열린 자세를 취할 수 있다는 것이다. 실제로 그는 경영학을 기반으로 하되 중세 역사, 일본 미술 등 3년마다 새로운 분야를 공부하여 경영학에 접목한 것으로 잘 알려져 있다. 어떤 분야든 오직 그 분야의 지식과 기술을 토대로 획기적인 발전이 이뤄지는 경우는 드물다. 오히려 전혀 관련 없는 두 분야의 협업과 결합을 통해 놀라운 진보가 일어난다. 이질적인 두 분야가 각자의 이론과 절차, 아이디어와 방법론을 자유롭게 연결하고 응용할 수 있기 때문이다. 이는 개인의 경우에도 크게 다르지 않아서 소프트뱅크를 창업한 손정의가 대학 시절부터 10년간 매일 아침 상자에서 두 개의 단어 카드를 뽑아 결합하여 아이디어 노트를 적어 나갔던 사례는 유명하다.

전문 분야 × 차별 분야 = 차별적 전문성

한 분야에서 독보적인 위치에 오른 1인자들을 보면 〈두 연못 결합 전략〉을 활용한 경우가 많다. 신화학자 조지프 캠벨은 자신의 전문 분야인 신화에 카를 융의 분석심리학을 접목했다. 분석심리학의 관점으로 신화를 재해석하여 신화의 심층에 숨어 있는 메시지를 파헤쳤다. 구본형은 개인과 조직의 변화라는 주제에 인문학을 접목했다. 보통의 경영 서적과 자기계발서에서 맛볼 수 없는 깊이를 그의 책에서 느낄 수 있는 이유다. 광고 전문가 박웅현은 광고에 인문학을 결합하여 최고의 크리에이티브 디렉터가 되었다. 그가 쓴 책 제목은 그래서 『인문학으로 광고하다』이다. 이렇듯 독보성은 〈차별적인 전문성〉에서 나온다. 차별적 전문성을 가진 이들은 익숙한 것을 새롭게 표현하고, 낯선 것은 익숙하게 표현한다. 참신하되 괴상하지 않고, 깊이 있되 넓이도 놓치지 않는다. 두 개의 분야가 서로에게 아이디어와 자극을 계속 제공해 주기 때문이다.

잘하는 게 별로 없는 내(승완) 전문 분야는 확실하다. 책 집필이다. 20대 후반부터 꾸준히 글을 써서 지금까지 7권의 책을 집필했고, 『내 인생이 첫 책 쓰기』라는 책을 출간하고 책 쓰기 강의도 진행하고 있다. 다른 한편으로 나는 인물에 관심이 많다. 수많은 이야기 중에서도 사람 이야기가 가장 재밌고 감정이입도 잘 된다. 그래서 철학을 공부한다고 치면 철학 이론보다 끌리는 철학자 한 명을 정해 그가 살아온 굴곡을 파고든다. 마찬가지로 예술보다는 예술가에게, 건축보다 건축가의 삶에 주목한다. 내 서재에는 자서전과 평전, 인터뷰집만 500권 넘게 꽂혀 있고, 관심을 둔 인물들 30여 명 각각의 책들만 모아 둔 공간이 따로 있다.

5년 전쯤 취미처럼 즐겨 온 인물 탐사를 어떻게 활용할 수 있을까 생각하다가 문득 〈인물학Humanology〉이라는 단어가 떠올랐다. 스스로 자기다운 세계를 창조한 사람들에 대한 입체적 연구를 인물학이라 이름 짓고, 이걸 차별 분야로 삼아 책 집필과 결합하면 뭔가 작품이 나올 것 같았다. 이 아이디어가 떠오른 순간 이 세상의 수많은 직업 중에서 나의 천직을 발견했다는 확신이 들었다. 그래서 명함의 내 이름 옆에 〈인물학 전문가Human Explorer〉라고 새겨 두었다. 천직을 발견하고 처음 쓴 책이 40여 명의 인물들의 전환기를 심층적으로 담아 낸『위대한 멈춤』이다. 후속작으로 여러 인물과 그 스승들의 관계를 탐구한 〈스승과 제자〉라는 책과, 한 분야를 정복한 인물들의 학습법을 정리한 〈대가의 공부법〉을 준비하고 있다.

나는 인물학에 매진해서 내가 연구하는 그 인물들처럼 작더라도 나를 닮은 세계 하나를 만들어 내고 싶다. 인물학 전문가로써 책을 비롯해 강연과 프로그램, 워크샵 등 다양한 형태의 차별적이고 유용한 콘텐츠를 개발해서 세상과 나누고 싶다. 이것이 내가 마음속에 그려 둔 직업적 비전이다.

나의 전문 분야와 차별 분야는 무엇인가?

이택상주 전략의 골자는 전문 분야와 차별 분야, 그리고 이 둘 간의 창조적 연결이다. 하나씩 알아보자. 먼저 전문 분야는 전문성 기준으로 상위 10퍼센트에 들어갈 수 있는 분야를 말한다. 예를 들어 조지프 캠벨은 신화, 구본형은 경영 혁신, 박웅현은 광고가 전문 분야이다. 이제 스스로에게 물어보자. 회사에서 상위 10퍼센트의 실력에 들어가는 나의 전문 분야는 무엇인가? 우리 회사에서 내가 최고로 잘하는 일은 무엇인가? 현재 상위 10퍼센트에 이미 진입한 분야가 있다면 최상이다. 아직 그 한 가지가 없다면 전문 분야부터 확실히 다져야 한다. 아직 전문 분야를 찾지 못했다면 앞서 살펴본 〈필살기(전략적 태스크들)〉를 가장 유력한 후보로 검토해 볼 수 있다.

이어서 두 번째 질문, 나의 차별화 포인트는 어디인가? 차별 분야는 전문 분야와 달리 최고 수준이 아니어도 된다. 구본형과 박웅현은 인문학 박사가 아니며 이들보다 뛰어난 인문학자는 많다. 하지만 두 사람 각자의 전문 분야에서 이들보다 인문적 소양이 뛰어난 사람은 드물다. 구본형과 박웅현은 10년 넘게 인문학에 관심을 가지고 꾸준히 공부했다. 이처럼 오랫동안 관심을 갖고 틈틈이 공부해 왔거나 기간은 짧더라도 집중해 온 주제라면 유망한 차별 분야가 될 수 있다.

차별 분야는 본인의 전문 분야에서 활동하는 경쟁자들에 비해 잘 알거나 잘할 수 있는 분야면 족하다. 그럼에도 차별적인 부분을 찾기가 쉽지 않다면 취미로 생각을 넓혀 보자. 당신의 취미는 무엇인가? 요리, 목공, 글쓰기 등 대부분의 취미는 누군가에게는 직업이다. 바꿔 말하면 취미를 차별 분야로 만들어 전문 분야와 연결할 수 있다.

취미와 직업의 연결은 전문성을 새롭게 확장하는 아주 유용한 통로를 제공한다. 물론 가볍게 즐기는 수준의 취미는 차별 분야가 될 수 없다. 단순히 휴식과 오락에 만족하는 하비스트hobbist로서의 취미가 아닌 시간과 열정을 쏟아붓는 마니아mania로서의 취미여야 한다. 마니아는 종종 자신의 취미에 직업보다 더 뜨거운 애정으로 몰두하며 숙련된 경지에 오르기 위해 노력한다. 열정과 몰입에 의한 연마는 직업에도 동일하게 적용되는 원리이다. 자신만의 취미나 관심사가 있다면 전문 분야와 연결해 보라. 전혀 관련이 없어 보이는 분야라 할지라도 얼마든지 창조적으로 연결이 가능하다.

경영학 분야의 명저『좋은 기업을 넘어 위대한 기업으로』의 저자 짐 콜린스는 자타가 공인하는 암벽 등반의 열혈 마니아다. 실력도 뛰어나서 험준한 기암절벽이 즐비한 요세미티 계곡에서 하루 만에 하프 돔Half Dome 북측 면을 오르고, 높이 1킬로미터에 달하는 엘 캡틴El Captain을 정복하는 등 프로 암벽 등반가 못지않다. 그는 경영에 암벽 등반을 접목했다. 이른바 〈암벽 등반 경영학〉이다. 특히 그는 여러 인터뷰에서 조직 경영에 두루 적용할 수 있는 획기적인 통찰을 암벽 등반에서 터득할 수 있었다고 고백했다.

취미뿐만 아니라 자신이 꾸준하게 공부하는 주제도 차별 분야가 될 수 있다. 내가 글 쓰고 강의하면서 가장 도움을 받은 두 권의 책이 있다. 가르 레이놀즈의 『프레젠테이션 젠』과 나탈리 골드버그의 『뼛속까지 내려가서 써라』. 두 책의 공통점은 저자들이 선불교 수행자이며 각자의 전문 분야와 선불교를 결합했다는 점이다. 나탈리 골드버그와 가르 레이놀즈는 정식으로 출가한 선승이 아니며 두 사람보다 뛰어난 선(禪) 수행자도 적지 않다. 그렇다고 둘에게 선 수행이 하비스트에 그치는 건 아니다. 10년 이상 선을 실천해 온 두 사람에게 선불교는 마니아적 취미에 가깝다. 실제로 프레젠테이션 분야에서 레이놀즈만큼 선불교를 잘 알고 그만 한 수행 경험을 가진 사람은 거의 없고, 골드버그의 경우도 마찬가지다.

그럼에도 프레젠테이션과 선(禪)이라니? 글쓰기와 선은 또 어떤가? 그런데 두 사람의 책은 눈부신 통찰을 보여 준다. 먼저, 레이놀즈의 책은 다른 프레젠테이션 서적과 확연히 다르다. 그는 발표에 있어서 절제와 단순함, 몰입과 자연스러움을 강조한다. 발표 자료를 만들 때도 단순미, 본질, 덜어 내기를 기본 원칙으로 제시한다. 이 모두가 선불교의 핵심 개념들이다. 레이놀즈는 책 제목대로 프레젠테이션과 선(Zen, 영어로 선불교라는 뜻)을 결합했다. 프레젠테이션 젠의 정수를 알고 싶다면 스티브 잡스의 발표를 보면 된다. 잡스는 청중이 프레젠테이션에 완전히 빠져들게 하기 위해 소수의 메시지에 집중하고 디자인도 극도로 단순화하며 그 자신도 물 흐르듯 발표에 몰두한다. 잡스 또한 20대 초반부터 선불교에 심취한 수행자였다는 점을 감안하면 자연스러운 방식이다. 이미 널리 알려져 있듯이 잡스는 선의 중요한 개념들을 맥Mac과 아이폰 등의 혁신적인 제품을 기획하고 디자인하는 데도 활용했다. 그가 누누이 강조한 〈인문학과 기술의 교차점〉에서 인문학은 사실 그가 꾸준히 공부한 선 사상이 주를 이룬다. 다시 말해 잡스 역시 정보 기술이라는 전문성에 선이라는 차별성을 더함으로써 마르지 않는 우물을 유지했다.

최고의 글쓰기 코치로 불리는 나탈리 골드버그도 다르지 않다. 글쓰기 책 치고는 다소 특이한 『뼛속까지 내려가서 써라Writing Down the Bones』는 제목부터가 선불교의 본질인 직지

(直指)의 뜻을 담고 있다. 골드버그는 〈선(禪) 수련은 글을 쓰는 것과 똑같다〉는 스승의 말에 영감을 얻어 글쓰기에 선을 접목했다. 그녀 역시 선불교의 중심 사상인 초심과 몰입과 비우기를 강조한다. 이는 그녀가 글을 쓰고자 하는 사람들에게 전하는 조언에 잘 드러나 있다. 〈글쓰기의 심장 속으로 들어가라. 지금 이 순간의 것을 잡아라.〉〈글쓰기에 깊이 빠져들면 쓰는 사람과 글이 분리되지 않는다. 글이 글을 쓰도록 하라. 당신은 사라진다.〉 골드버그의 글쓰기 수업에 참여한 여러 사람들이 작가로 데뷔했으며, 혁신적인 글쓰기 방법을 창조했다는 평단의 찬사도 그리 놀라운 일은 아니다.

두 분야를 어떻게 연결할 것인가?

이제 세 번째 질문이 남았다. 전문 분야와 차별 분야를 어떻게 연결하면 시너지를 창출할 수 있을까? 다양한 분야를 연결할 수 있다고 해서 아무거나 결합해서는 안 된다. 전문 분야와 차별 분야가 함께 상승 효과를 발휘할 수 있는 조합을 알아내야 한다. 두 분야를 절묘하게 결합하기 위해서는 통찰력이 필요한데, 역설적이게도 통찰력이 있어서 창조적 결합을 실천하는 게 아니라 이 전략을 실행하는 과정에서 빛나는 통찰이 나오는 경우가 훨씬 많다. 구체적으로 두 가지를 권하고 싶다.

첫째, 전문 분야와 차별 분야를 연결하여 큰 성과를 낸 사례를 자주 접한다. 숨고(soomgo.com)나 크몽(kmong.com), 탈잉 (taling.me) 같은 재능 마켓을 활용하는 것도 좋은 방법이다. 이런 사이트들은 주로 프리랜서들이 자신의 기술을 등록하고 이것을 필요로 하는 사람들과 연결해 주는 서비스를 제공한다. 이와 같은 전문가 사이트에 자신의 차별적 전문성을 등록한다면 과연 그것은 무엇일지 다양한 사례를 통해 찾아보는 것이다. 처음엔 이들 사이트에서 제공하는 카테고리를 보며 생각을 좁혀 보고, 때로는 카테고리와 별개로 자기만의 팔 수 있는 기술과 콘텐츠를 생각해 보는 것도 좋다. 영어에 익숙하다면 영어권 사이트인 프리랜서닷컴(freelancer.com)을 참고하는 것도 좋다.

창조적 결합에 대한 정보를 더 많이 알게 될수록 스스로에게 적용할 수 있는 아이디어도 많아진다. 창의성은 아이디어의 양이 질의 도약을 낳는 대표적인 영역이다. 내게 잘 맞는 사례를 찾으면 좋지만 그렇지 않더라도 마음을 열고 다양한 사례를 수집한다. 일단 맛보기라 생각하고 여러 사례에서 조금씩 배워 나간다. 창조적 결합이 무엇이고 어떤 양상으로 이뤄지는지 감을 잡는 걸 1차 목표로 삼자. 사실 지금 소개하고 있는 창조적 결합 전략도 내가 다양한 관심 인물들 중에서 창의력이 뛰어난 이들을 공부하는 과정에서 깨달은 것이다.

이 방법이 〈다수로부터 조금씩 배우기〉라면 두 번째 방법은

〈소수로부터 깊이 배우기〉이다. 수집한 사례들 중에서 가장 끌리는 모범 사례나 역할 모델을 1~2개 정해서 자세히 분석하고 집중적으로 배운다. 그 사례에 대해서만큼은 그 누구보다 통달할 정도로 철저하게 소화해야 한다. 나는 콘텐츠 크리에이터로서 조지프 캠벨을 모범으로 삼고 있다. 앞서 봤듯이 캠벨은 본인의 전문 분야인 신화에 분석심리학을 접목해 남다른 전문성을 확보했다. 나도 인물학만으로는 차별적 콘텐츠를 만들어 내기 부족하다는 생각이 들었다. 뭔가 하나 더 필요해 보였다. 캠벨의 사례를 자세히 살펴보다가 인간의 의식과 무의식을 함께 다루는 심층심리학을 인물학과 결합해 보자는 아이디어가 떠올랐다. 캠벨은 10년 넘게 융 심리학을 독학으로 익혔다. 신화 전문가들 중에서 분석심리학을 매우 잘 아는 축에 속했지만 공인된 융 학파 분석가는 아니었다. 나 역시 심리학을 전공한 건 아니지만 5년 넘게 심층심리학을 공부하면서 글쓰기와 코칭에 활용해 왔다. 앞으로 한 인물의 정수를 깊이 탐구할 수 있는 〈심층심리학적 인물 탐험〉을 나의 필살기로 키워 보려고 한다.

창조적 연결에 대한 사례 공부를 하면서 계속 스스로에게 물어야 한다. 〈나의 전문 분야와 차별 분야는 무엇이며, 이 둘을 어떻게 연결할 것인가?〉 더불어 전문 분야와 차별 분야를 다채롭게 결합해 보는 연습을 해야 한다. 다양한 시도를 거듭하다 보면 두 분야를 절묘하게 종합할 수 있는 아이디어가 나올 것이다.

삶은 탐험이다. 이 여정에서 우리는 여러 길을 거친다. 한 분야에서 일가(一家)를 이룬 사람은 서로 다른 것들을 결합하여 참신하고 유용한 뭔가를 만들어 낼 줄 알았다. 그리고 이를 바탕으로 자기다운 세계 하나를 만들어 냈다. 화가 폴 호건은 〈자신만의 세계를 창조하지 못하면 다른 사람이 묘사한 세계에 머무를 수밖에 없다〉고 했다. 아무도 당신에게 직업을 주지 않는다. 더욱이 자신에게 잘 맞는 직업은 스스로 만들어 내야 한다. 인디 워커는 자기 자신이 곧 직업이다. 그대는 〈나〉라는 재료로 어떤 직업을, 어떤 세계를 만들고 싶은가?

오티움, 번아웃에 대처하는 법

시장 조사 업체 마크로밀엠브레인이 2015년 국내 직장인 1,000명을 조사한 결과에 따르면 10명 중 4명이 스스로 번아웃 상태라고 답했다. 정신 건강 전문의들은 번아웃을 호소하며 진료실을 찾는 사람이 매년 늘어나고 있다고 입을 모은다. 나(승완)도 번아웃 경험이 있다. 2009년 잘 다니던 회사를 그만둔 이유가 심신의 에너지가 바닥났기 때문이었다. 회사를 나오기 전 1년 동안 직장 생활을 하며 책 세 권을 쓴 것이 번아웃의 원인이었다. 세 번째 책의 원고를 출판사에 넘기고 나는 완전히 방전됐다.

소진 증후군이라 불리기도 하는 번아웃은 대부분 의욕적으로 일한 사람에게 나타나는 증상이어서 이를 〈열심히 살았다는 훈장〉으로 여기기도 한다. 하지만 번아웃은 급격한 육체적 소진과 함께 우울감을 동반하는데 이를 일시적 슬럼프로 여겨 방치하면 자칫 우울증, 공황장애, 심장병, 고혈압 등 치명적인 문제를 초래할 수 있다. 나 역시 피로감과 자신감 상실, 원인 모를 우울증에 시달렸다. 정말이지 두 번 다시 겪고 싶은 않은 경험이었다.

회복성 브레이크, 업무 중에 숨통 틔기

번아웃은 이제 그만 멈춰야 한다는 비상 신호와 같다. 인디워커가 지향하는 슬로 커리어는 자립을 향한 긴 여정이다. 중간에 무너지지 않고 오래 멀리 가기 위해서는 잘 쉴 줄 알아야 한다. 한자로 휴(休)는 사람[人]이 나무[木]에 기대어 있는 모습이고, 식(息)은 스스로[自] 마음[心]을 돌아본다는 의미이다. 즉 나무에 기대어 자기 마음을 돌보는 게 휴식이다.

가장 기본적인 휴식은 일과 일 사이의 쉼이다. 업무 중에 틈을 내서 쉬는 것이다. 병원의 중환자실에서 근무하는 한 간호사는 일하는 중에 지칠 때면 옆 건물에 자리한 산부인과 병동의 신생아실을 찾는다. 커다란 유리창 너머로 갓 태어난 아기들을 바라보며 세상엔 죽음만 있는 게 아니라 탄생도 있음을 스스로에게 이야기한다. 이처럼 일하는 중에 잠깐 동안 스스로 실천할 수 있는 휴식을 회복성 브레이크restorative break라고 부른다.

영국의 정치가 윈스턴 처칠의 회복성 브레이크는 짧은 낮잠이었다. 그는 〈2차 세계 대전이 벌어진 이후 나는 오히려 매일 낮잠을 자야 했다. 그것이 내가 영국 수상으로서 전쟁을 승리로 이끌고 가야 할 책임을 완수할 수 있는 유일한 방법이었기 때문이다〉라고 고백했다. 낮잠처럼 쉽게 실행할 수 있는 또 다른 휴식은 걷기, 즉 산책이다. 산책의 이점은 이미 잘 알려져 있어서 틱낫한 스님의 말처럼 〈분노와 스트레스 해소에 걷기만한 것이 없다〉. 앉아 있는 시간이 길거나 많은 사람을 상대하는 감정 노동자들에게 산책은 특히 효과적이다. 천천히 걷다 보면 머리가 맑아지고 근육도 풀린다. 바로 오늘부터 점심시간이나 퇴근 뒤에 하던 일을 내려놓고 짧게라도 걸어 보자. 걸을 때는 가급적 휴대폰은 끄고 홀로 걷는 게 좋다.

번아웃을 예방하기 위해 낮잠과 산책처럼 가볍게 에너지를 회복할 수 있는 방법을 미리 준비해 두자. 악보를 연주하기 위해서는 음표와 함께 쉼표도 연주해야 한다. 쉼표 없이 음표만 있는 음악이 소음인 것처럼 삶에도 쉼표가 필요하다.

오티움, 스스로를 재창조하는 활동

두 번째 휴식은 보다 능동적이고 창조적인 휴식이다. 단순한 쉼break을 넘어 스스로를 기쁘게 만드는 재창조re-creation 활동에 몰두하는 것이다. 이러한 몰입은 저 높고 멀리 있는 목표를 겨냥하지 않고 〈지금, 여기〉에 집중함으로써 일상을 한 층 높은 차원으로 도약시킨다. 정신과 의사 문요한은 이러한 휴식을 오티움ótīum이라 부른다. 라틴어인 오티움은 시 짓기, 공부, 악기 연주, 예술 감상 등의 〈학예 활동〉의 뜻을 내포하고 있다. 오티움은 보통의 취미와 그 깊이가 다르다. 오티움은 취미가가 아닌 마니아로서 그 활동에 푹 빠지는 것이다. 마니아는 경제적 대가나 타인의 인정 같은 외적 보상이 아닌 스스로 오티움을 선택하고 배우고 만들어 나가는 과정에서 기쁨을 얻으며 그 활동을 점점 심화해 나간다.

〈예술 세계에서 가장 강렬한 수수께끼〉로 불리는 비비안 마이어Vivian Maier의 오티움은 사진 촬영이었다. 평생 동안 보모와 가정부로 생계를 유지한 마이어는 40여 년간 수십만 장의 사진을 찍었지만 2009년 73세로 생을 마감할 때까지 누구에게도 보여 주지 않았다. 그에게는 사진 촬영 자체가 기쁨이자 목적이었다. 그래서 감상자를 염두에 두지 않고 가장 자기다운 방식으로 촬영에 임했다. 역설적이게도 바로 그 덕분에 촬영에 몰입한 한 사람과 그의 손에 들린 카메라, 그리고 피사체가 하나로 연결된 〈순수 사진〉의 정수를 포착할 수 있었다. 사후에 우연히 발견된 마이어의 방대한 사진은 개성적인 시선과 놀라운 완성도로 사진계의 보물로 자리 잡았다.

『감옥으로부터의 사색』의 저자로 몇 년 전 작고한 신영복의 오티움은 동양 고전 공부와 서예였다. 그는 언제 석방될지 모르는 막막한 무기징역의 사슬에서 자신을 살아 있게 해준 〈이유〉로 고전 공부를 꼽았다. 전국 곳곳에서 만날 수 있는 개성 넘치는 붓글씨도 감옥에서 본격적으로 익혔다. 그에게 고전 공부와 서예는 20년간의 옥중 생활을 분노와 절망이 아닌 스스로를 새롭게 만들어 나가는 동력이 되어 주었다. 뿐만 아니라 두 오티움은 그가 출소 후 대학에서 학생들을 가르친 내용이자 대중과 소통하는 통로였으며, 『처음처럼』과 『담론』 등 주요 저작의 토대가 되었다.

오티움은 시간 많고 돈 많은 사람들이 누리는 사치가 아니다. 가장 나다운 모습으로 살아 있는 시간이자 스스로를 충만하게 하는 활동이 바로 오티움이다. 번아웃에 취약한 직장인과 자기다움을 추구하는 인디 워커들에게 오티움이 꼭 필요한 이유다.

10년 넘게 직장 생활을 하고 있는 내(승완) 아내의 오티움은 공부다. 아내는 강도 높은 자기 주도 학습을 지향한다. 스트레스가 늘어 일상이 팍팍해질 때면 짧게는 두세 달, 길게는 1년 넘게 걸리는 학습 프로젝트를 시작하곤 한다. 퇴근 후 도서관이나 카페에서 2~3시간 공부하고, 주말에도 8시간 이상 공부하기도 한다. 가끔은 공부하는 주제에 더욱 집중하기 위해 관련된 시험이나 자격 취득에 도전할 때도 있다. 결과도 좋아서 거의 다 합격했다. 그러나 합격이나 자격증과 별개로 아내는

〈공부하는 과정에서 에너지를 얻고 스트레스가 풀린다〉고 한다. 실제로 공부하고 집에 온 날은 회사에서 퇴근하고 바로 집으로 온 날보다 훨씬 생기가 돈다. 피곤할 법도 한데 집안일을 마무리하고 딸과 신나게 논다. 내가 알고 있는 아내의 가장 멋진 모습은 관심사에 푹 빠져 공부할 때이다. 아내의 학습 프로젝트를 적극 지지하는 이유다.

오티움이 여타 취미와 또 하나 다른 점은 긍정적 연쇄 효과다. 오티움은 비비안 마이어처럼 순전히 자신만을 위한 활동으로 남을 수도 있지만, 심화되면서 자연스레 직업과 연결되는 수도 많다. 헤르만 헤세는 회화를 오티움으로 삼았는데, 그림을 그리며 중년에 찾아온 내면의 위기를 극복하고 고된 일상의 짐을 덜어 낼 수 있었다. 나아가 그림에 몰두한 이후로 그의 소설은 눈에 띄게 달라졌다. 『클링조어의 마지막 여름』과 『나르치스와 골드문트』처럼 소설에 본격적으로 예술가가 주인공으로 등장하기 시작했으며, 문학의 소재와 문체만이 아니라 그림을 그리는 듯한 외부 풍경 묘사와 등장인물의 심리 묘사에 이르기까지 그만의 독특한 색깔이 더해졌다. 토마스 만은 헤세가 그림을 그린 이후로 그의 작품이 〈실로 혁명적인 단계로 고양되었다〉고 말하기도 했다.

헨리 소로의 오티움은 그가 〈직업〉이라고 소개할 정도로 특별하게 여긴 산책이었다. 그는 날씨에 상관없이 매일 4시간씩

걸었으며, 산책을 나갈 때면 휴대용 망원경과 확대경, 노트와 연필을 들고 온갖 동식물과 광물을 연구하듯이 살폈다. 번뜩이는 영감은 대부분 걸으며 떠올랐고, 일기에 쓸 글감도 산책 중에 주워 담았다. 그의 일기는 산책의 소산이었고, 이 일기를 바탕으로 20세기 생태주의의 탁월한 고전『월든』을 집필했다.

찰스 레즈니코프Charles Reznikoff의 오티움은 시 짓기였다. 그는 평생 동안 생활비를 벌기 위해 여러 직업에 몸담으면서도 시만은 놓지 않았다. 레즈니코프의 시는 그의 나이 칠십 가까이 되어서야 세상에 알려지기 시작했으며, 사후에는 객관주의 시인으로 명성을 얻었다. 하지만 그는 다른 사람의 평가에 상관없이 50년 넘게 매일 시를 썼다. 가장 널리 알려진 그의 시 제목처럼 〈생활비를 벌기 위해 하루 종일 일한 후〉에 시를 지었다. 그렇게 시를 쓰는 동안 〈천천히, 천천히 힘이 되돌아〉왔다. 자신의 일상을 객관화시켜 시의 소재로 삼았던 레즈니코프는 시를 통해 스스로를 밖으로 내보이려 하기보다는 내면을 찬찬이 가꿔 나갔다. 그래서 소설가 폴 오스터는 레즈니코프에 대해 그의 시 창작은 〈세계를 표현하는 하나의 양식이라기보다 세계 안에 존재하는 방법〉이라고 평했다.

나의 오티움을 어떻게 찾을 수 있을까? 오티움은 한 번도 해보지 않은 활동보다는 과거에 해본 활동인 경우가 훨씬 많다. 꼭 똑같지는 않더라도 유사한 활동을 해봤을 수도 있다. 가령

구분	분류	오티움 활동의 예
제1 테마	운동	달리기, 트레킹, 사이클링, 수영, 볼링, 당구, 야구, 축구 등 각종 구기 운동, 격투기, 검도, 활쏘기, 스킨스쿠버, 암벽 등반, 서핑, 스키, 스노보드, 골프, 요가, 필라테스, 태극권, 국선도 등
제2 테마	음악	작곡, 디제잉, 아카펠라, 노래 부르기, 합창, 악기 연주 등
제3 테마	춤과 연기	현대 무용, 전통 무용, 탱고, 발레, 방송 댄스, 재즈 댄스, 라틴 댄스, 스트리트 댄스 등 각종 춤과 무용, 뮤지컬, 연극 등
제4 테마	창작	사진, 글쓰기, 인터넷 개인 방송, 만화 그리기, 캘리그래피, 서예, 홈 인테리어, 그림과 일러스트 그리기, 옷 만들기, 완구 만들기, 자수, 프라모델 만들기, 각종 공예 등
제5 테마	음식	요리, 베이킹, 커피와 차 애호가, 와인 등 주류 애호가
제6 테마	게임	보드 게임, 바둑, 장기, 체스, 두뇌 퍼즐 등
제7 테마	공부	외국어 공부, 역사, 문학, 철학, 천문학, 심리학 등 각종 학문
제8 테마	자연	화초나 나무 가꾸기, 꽃꽂이, 프리저브드 플라워, 수석 가꾸기, 천문 관측, 캠핑, 주말 농장, 낚시 등
제9 테마	감상	음악, 영화, 미술, 연극, 뮤지컬, 사진, 건축물, 스포츠 감상 등
제10 테마	영성	명상, 묵상, 기도 등
제11 테마	봉사	호스피스 자원봉사, 의료봉사, 동물 보호 활동, 문화재 지킴이, 숲 해설가, 환경보호 활동 등

*출처: 문요한, 『오티움』, 위즈덤하우스, 2020, 147~148면

표 10. 오티움 테마와 활동 예시

시 짓기가 오티움이라면 학창 시절 공책에 종종 시를 적어 두었을 수 있고, 목공이 오티움이라면 어릴 적에 다른 장난감보다 손으로 조립하는 놀이에 푹 빠졌을 수도 있다. 그러므로 먼저 일기, 메모, 동아리 활동, 취미, 수강했던 강좌 등 나의 과거에서 단서를 찾아보자. 이와 함께 현재 일상도 유심히 관찰해 보자. 요즘 가장 흥미를 돋우는 활동이나 테마, 대화에 빈번하게 등장하는 주제, 자주 방문하는 공간과 〈즐겨찾기〉를 해둔 웹 페이지 등을 살펴본다. 표 10의 목록을 참고하여 과거에 〈살아 있음〉을 경험했거나 최근에 시간 가는 줄 모르고 몰입했던 활동을 찾아보기 바란다. 오티움은 멀리 있지 않아서 어렵지 않게 발견할 수 있을 것이다.

진정한 워라밸, 일과 생활의 〈교집합〉

오티움은 꾸준히 몰두하다 보면 즐거움을 넘어 숙련의 수준에 이르게 되고 이에 맞춰 삶에 새로운 길을 열어 주곤 한다. 신영복이 동양 고전과 서예를 자신을 대표하는 분야로 키워 내고, 가르 레이놀즈가 자기의 오티움인 선 수행을 전문 분야인 프레젠테이션과 결합해 차별적인 콘텐츠를 만들어 낸 것처럼 오티움을 앞서 언급한 창작의 〈차별 분야〉로 키워 나가길 권하고 싶다. 업무와 집안일로도 바쁜데 무슨 취미 생활을, 그것도 마니아 수준으로 하라는 것이냐고 반문할 수도 있다. 그런데 실제로 해보면 오티움은 오히려 일상에 생기를 불어넣는다. 온라인 게임에 빠지거나 TV를 보는 것보다 좋아하는 한 가지에 몰입함으로써 훨씬 생산적인 행복감을 얻을 수 있다.

미국의 유명 소설가 메리 로버츠 라인하트 Mary Roberts Rinehart는 본래 전업 주부였다. 처음 글을 쓰기 시작했을 때는 그녀의 인생에서 가장 힘든 시절이었다. 아이가 셋이나 있었고, 몸을 잘 가누지 못하는 어머니를 보살펴야 했으며, 여기에 경제 위기로 인한 투자 손실로 많은 빚까지 더해진 상황이었다. 그녀는 글을 써서 푼돈이라도 벌어 보자는 심정으로 낮 동안 틈틈이 시간을 내어 글을 쓰고 밤에 아이들이 잠든 후에 심신이 지칠 대로 지친 상태로 펜을 들었다. 그런데 이상하게도 글 쓰는 시간은 그녀를 더 피곤하게 하지 않고 오히려 생활에 활력소가 되었다. 글을 쓸 때 가장 창의력이 넘치고 그동안 어디서도 맛보지 못한 충만함을 느꼈다. 이때부터 본격적으로 글쓰기에 열중한 그녀는 죽을 때까지 50여 권의 소설을 남겼다.

〈워라밸〉은 단순히 일과 생활의 시간적 배분을 의미하는 것이 아니다. 예컨대 나처럼 좋아하는 일을 하기 위해 조직에서 독립한 사람들은 대부분 직장에 있을 때보다 더 오랜 시간 일을 한다. 게다가 대체로 초기에는 수입도 더 적다. 직장인들이 중요하게 생각하는 두 가지 모두 전보다 좋지 않으니 실패한 걸까? 그렇지 않다. 진정한 워라밸은 시간의 양보다 질과 더 밀

그림 17. 워라밸은 시간의 배분(왼쪽)이 아닌 교집합(오른쪽)의 문제

접한 관련이 있다. 많은 이들이 워라밸을 원하지만 실제 일상에서 만족스러운 수준에 이르지 못하는 것도 이 때문이다. 사실 워라밸이라는 말 자체가 오티움을 커리어에 접목하거나 꼭 오티움이 아니더라도 본인에게 잘 맞는 일을 가지고 독립한 사람에게는 큰 의미가 없다. 이들은 직장인이었을 때와 달리 일과 생활의 상당 부분이 자연스레 겹치기 때문이다.

요컨대 자신이 하고 싶은 일을 하는 사람에게는 일과 생활의 교집합이 많아지게 된다. 그 이유는 일하는 시간과 나를 위한 시간을 따로 구분할 필요가 크게 감소하는 데 있다. 이들은 하고 싶은 일을 하며 돈을 벌고, 동시에 그 시간 동안 스스로 성장하는 재미를 만끽한다. 한번 생각해 보라. 왜 워라밸이 그토록 중요한가? 워라밸의 진짜 목적은 〈칼퇴근〉이나 〈저녁이 있는 삶〉 그 자체가 아니라 보람과 행복으로 충만한 일상에 있다. 그래서 워라밸은 내가 타인을 위해 일할 때 중요도가 높아지지만,

자신을 위한 일을 하고 있을 때는 중요도가 낮아진다.

어떤 사람들은 일과 취미를 철저히 분리해야 한다고 생각한다. 그들은 출근하여 외투를 벗으며 동시에 자신의 영혼도 한 꺼풀 벗어 걸어 놓는다. 주어진 일을 묵묵히 하지만 그 안에 영혼의 기쁨은 없다. 퇴근길에 외투를 입으며 동시에 벗어 둔 영혼도 다시 걸친다. 진짜 인생은 퇴근 이후부터다. 낮과는 다른 존재가 되어 상대적으로 짧은 밤을 불태우듯 보낸다. 이렇게 인생을 분리하여 사는 걸 탓할 수는 없다. 그러나 이런 방식의 문제는 갈수록 직업과 존재의 괴리감이 커지고 피로는 계속 누적된다는 점이다. 점점 소진되는 에너지를 보충하지 않으면 결국 번아웃에 이른다.

나란 존재가 충만하게 살아 있는 워라밸로 가는 길 중 하나는 일과 오티움의 교집합을 키우는 것이다. 우리는 오티움을 통해 심신을 충전할 수 있을 뿐 아니라, 둘의 교집합이 커질수록 워라밸 이상의 효과를 얻을 수 있다. 직업과 오티움을 연결함으로써 차별적 전문성을 확보할 수 있으며 일상 또한 싱싱해진다. 인간은 자기창조 욕구가 있어서 본인이 원하는 삶을 만들고 싶어 한다. 오티움을 하나 찾아서 꾸준히 가꿔 보라. 기쁨으로 반짝이는 자기 세계 하나를 창조할 수 있을 것이다.

4

단식한다
두려움에서 깨달음으로

두려움을 이기는 길, 비움

앞서 헤르만 헤세의 소설 『싯다르타』의 장면에 이어지는 대
목이다.

카마스와미가 조롱하듯 물었다.

「그런데 단식이 무슨 쓸모가 있지요? 그게 무엇에 좋지요?」

싯다르타가 대답했다.

「오, 단식은 정말 유용한 것입니다. 단식은 먹을 것이 떨어졌
을 때 인간이 할 수 있는 가장 현명한 방법이지요. 예컨대 제가
단식하는 법을 배우지 않았다면 당신한테서, 아니면 다른 데서
라도 오늘 당장 아무 일자리건 얻지 않으면 안 되었을 것입니다.
배가 고파 그렇게 하지 않을 수 없게 될 테니까요. 그렇지만 저
는 이렇게 태연하게 기다릴 수 있으며, 초조해하지도 않고, 곤

궁해하지도 않으며, 설령 굶주림에 오래 시달릴지라도 웃어넘길 수 있습니다. 상인이여, 단식이란 그런 데에 좋은 것입니다.」

단식할 줄 안다는 것은 두려움에 사로잡히지 않고, 마음을 자기 것으로 할 수 있다는 의미이다. 인디 워커였던 싯다르타는 장사에 대해 할 줄 아는 게 많지 않았지만 늘 즐겁게 일했으며 배움을 얻었고 분노나 성급함 때문에 자신이나 다른 사람들에게 손해를 입히는 일을 하지 않았다. 단식을 통해 욕망을 조절할 줄 알았기 때문이다. 욕망과 두려움은 정비례한다. 우리는 가진 것을 잃거나 원하는 것을 얻지 못할까 봐 두려워한다. 장사꾼이었던 카마스와미는 싯다르타와 정반대였다. 그는 자주 불안해했으며 걱정거리를 달고 살았다. 진행하고 있는 사업이 잘 안 풀리거나 돈을 빌려 준 사람이 빚을 갚지 않을 것처럼 보일 때면 카마스와미의 얼굴은 금세 일그러졌다. 크게 화를 내거나 불면증에 시달릴 때도 있었다.

두려움을 극복하기 위해 우리에게 필요한 건 성취나 투쟁이 아니다. 오히려 받아들이고 비워야 한다. 잃을 게 없다고 생각하면 용감해진다. 원하는 게 많을수록 두려움도 커진다. 인디 워커에게 비우고 놓아 버리는 단식의 지혜가 필요한 까닭이다.

두려움과 욕망은 이란성 쌍둥이

나의 일을 자기답게 하는 것이 슬로 커리어다. 나의 길을 찾으려면 필연적으로 모험이 필요하다. 모험은 불확실함이다. 익숙한 것과 결별하고 낯선 길에서 아침을 맞이하는 건 누구에게나 쉽지 않다. 홀로 긴 여행을 떠나 본 적이 있다면 출발일 아침의 머뭇거림을 이해할 수 있을 것이다. 몇 달간 그토록 설레며 고대했던 여행을 떠나려는 찰나, 이상하게도 자꾸 뒤를 돌아보게 된다. 준비는 다 마쳤고 불도 전부 껐건만 문을 열고 한 발 밖으로 나서기가 자꾸 망설여진다.

새로운 커리어를 준비한다는 건 설레는 일이다. 나침반의 바늘이 흔들리며 조금씩 한 방향으로 수렴해 가듯 나의 길을 찾아갈 때 희열감에 가슴이 벅차오른다. 그러나 막상 일상의 길 위에서 꿈을 향해 한 걸음 내딛으려는 순간 어쩌면 이내 어두운 표정을 지으며 〈현실은 만만치가 않아〉 하고 뒷걸음칠지도 모른다. 이때 일상은 다시 나를 옥죄는 사슬이 되고 일은 밥벌이로 전락하며 존재는 힘없이 사그라진다.

우리에겐 두 가지의 후회 가능성이 있다. 행동한 것에 대한 후회와 행동하지 않은 것에 대한 후회. 전자는 〈그때 왜 저질렀을까?〉 하는 후회이고 후자는 〈왜 저지르지 않았을까?〉 하는 후회이다. 둘 중 어느 것이 더 부정적일까? 여러 심리학 연구를 종합하면 후자가 정신 건강에 더 해롭고 훨씬 오래 간다. 왜냐하면 인간은 과거의 행위를 현재의 관점에서 재해석하는 경향이 있는데, 행동하지 않은 경우 결과가 항상 열려 있어 〈저질렀다면〉을 계속 상상하기 때문이다. 반면 저질러서 하는 후회는 적어도 결과가 분명하고 교훈을 얻는 경우도 있다. 예컨대 이성에게 고백했다가 거절당한 일보다 시도하지 않아서 놓친 연애의 기회에 대한 후회가 더 오래간다. 만약 적극적으로 무언가를 했다면 어떻게 됐을지 계속해서 떠올리기 때문이다. 커리어에 관한 결정도 도전해서 후회하는 경우보다 시도조차 하지 않은 일이 더 진한 후회로 남는다.

당신이 슬로 커리어에 대해 갖는 가장 큰 걱정은 무엇인가? 그 두려움이 무엇인지 알아낸다면 그걸 직시할 힘도 얻을 수 있다. 우리가 조사한 바에 따르면 슬로 커리어에 대해 사람들이 많이 갖는 두려움은 크게 네 가지이다.

1) 먹고살 수 있을까? 하고 싶은 일을 해서 과연 돈이 될까?
2) 너무 늦은 게 아닐까? 일찍 시작한 이들과 경쟁할 수 있을까?
3) 관계가 단절되면 어쩌지? 홀로 뒤처져 외로워지는 건 아닐까?
4) 내가 과연 할 수 있을까? 내겐 미래가 보이지 않아.

이 네 가지는 두려움에 대한 질문 같지만 사실 그 이면에는 욕망이 뿌리내리고 있다. 그 욕망을 직시하고 하나씩 내려놓을 때 두려움은 사그라진다. 그러나 사람들은 보통 직시하기보단 억제하거나 회피한다. 억제와 회피 둘 다 욕망을 무의식으로 밀어넣기에 현명한 방법이 아니다. 욕망이 무의식에 잠복할수록 두려움이 사라지기는커녕 힘이 더 세지기 때문이다. 때로는 희생양이나 적을 만드는 식으로 두려움을 분노로 표출하기도 한다. 이 역시 욕망을 외부로 투사하고 두려움을 바로 보지 않는다는 점에서 억제나 회피와 별반 다르지 않다. 이렇게 얽힌 두려움과 욕망은 사슬처럼 삶을 옥죈다.

두려움을 무찌르는 단식의 지혜

많은 이들이 두려움 때문에 인디 워커가 되길 포기하고 직장인으로 남는다. 그러나 당장의 고통을 피하기 위한 선택이 종국에는 스스로를 더 고통스럽게 만든다. 이런 일이 반복되다 보면 결국 인생의 막다른 코너에 몰리게 된다. 정체조차 불분명한 불안감에 점점 더 시달리며, 자신이 어떤 삶을 살고 싶은지 스스로에게 설명할 수 없게 된다. 삶의 방향을 잃은 것이다.

두려움을 이겨 내는 첫 번째 방법은 멈추고 놓아 버리는 것이다. 무엇을 놓는가? 욕망을 바라보고 내려놓는다. 이 놓아 버림은 무기력한 포기가 아니다. 오히려 주도적인 선택이다. 욕망을 비움으로써 자연스레 소망이 표면 위로 떠오르며, 내가 진정 누구이고 어떻게 살고 싶은지 분명해진다. 이어서 욕망 대신 소망을 추구하며 느껴지는 순수한 즐거움으로 두려움은 차츰 희석된다.

　단식은 놓아 버림을 훈련하는 것이다. 단식은 단순히 음식이나 돈에 대한 것을 의미하지 않는다. 〈너무 늦었다〉는 걱정에는 시간 단식이 필요하고, 사람들과의 단절에 대한 두려움에는 관계 단식이, 자신감이 떨어진 이는 자의식 단식을 통해 과거를 놓아 버리고 미래를 창조하는 지혜가 필요하다. 예로부터 현명한 이들은 〈입안에 말이 적고, 마음에 일이 적고, 배 속에는 밥이 적어야 한다. 이 세 가지가 적으면 성자(聖者)도 될 수 있다〉고 했다.

　1) 먹고살 수 있을까?
　　→ 경제 단식: 조금만 먹고 덜 소유해도 즐겁게 살 수 있다.
　2) 너무 늦은 게 아닐까?
　　→ 시간 단식: 하루를 재편하면 준비할 시간은 충분하다.
　3) 관계가 단절되면 어쩌지?
　　→ 관계 단식: 고독을 훈련하면 관계가 깊어진다.
　4) 내가 과연 할 수 있을까?
　　→ 걱정 단식: 불안한 나를 지우고 미래의 나에 집중한다.

답은 이미 내 안에 존재한다

두려움을 극복하는 두 번째 방법은 죽음을 기억하는 것이다. 〈메멘토 모리Memento Mori〉, 우리 모두 죽는다는 사실을 직시하고 죽음에 대해 사색함으로써 두려움을 흘려보낼 수 있다. 세계적인 리더십 코치 마셜 골드스미스는 이렇게 묻는다.

95세가 된 내 모습을 상상해 보세요. 이제 숨을 한 번만 더 쉬면 당신은 세상을 떠나게 됩니다. 그 마지막 숨을 몰아쉬기 바로 전, 당신은 선물을 받게 됩니다. 바로 현재의 당신에게 한 가지 조언을 해줄 수 있는 기회입니다. 과연 95세로 삶을 마감하는 당신은 지금의 당신에게 뭐라고 조언할 것 같습니까? 직업적인 측면에서는 뭐라고 말할 것 같습니까?

골드스미스는 사람들이 참고하실 수 있도록 실제로 삶이 얼마 남지 않은 사람들을 인터뷰했다. 그에 따르면 직업적인 측면에서 가장 많이 나온 자신에게 해주고픈 조언은 3가지였다.

첫째, 자신이 하는 일을 즐기라는 것입니다. 만약 현재 자신이 하고 있는 일을 즐기지 않는다면, 당신은 잘못된 곳에 있는 것입니다. 둘째, 사람들을 도우라는 것입니다. 동료, 선후배들을 도우세요. 셋째, 직업에서도 꿈이 있다면 한번 도전해 보라는 것입니다.

당신은 어떤가? 지혜로운 노인이 된 나는 지금의 나에게 뭐라고 조언할까? 내(승완)가 어떤 문제에 대해 이 질문법을 사용했을 때 스스로에게 현명한 조언을 할 수 있었다. 주변 사람들에게 이 방법을 적용했을 때도 거의 다 현명한 조언을 떠올렸다. 당신도 그럴 것이다. 그렇다. 우리는 이미 답을 알고 있다. 여기에 더해 질문을 하나만 더 해보자. 지혜로운 나는 지금 나를 괴롭히는 두려움에 대해서는 뭐라고 조언해 줄까? 이번에도 좋은 답을 찾을 수 있을 것이다. 해답은 다른 어디가 아닌 내 안에 있으므로. 미국의 작가 암브로스 레드문은 〈용기란 두려움이 없는 상태가 아니라, 다른 무엇이 두려움보다 더 중요하다고 판단한 것일 뿐〉이라고 했다. 두려움이 올 때는 무시하지 말고 그 안으로 더욱 깊숙이 들어가야 한다. 내면에 자리한 두려움을 향해 정면으로 똑바로 걸어 들어가 그 속에서 더 중요한 무언가를 발견해야 한다.

이번 장에서 앞서 제시한 네 가지 두려움을 하나씩 직면해 보려 한다. 가능한 한 논리적으로 이야기하겠지만 쉽게 받아들이기 어려운 설명도 있을 것이다. 논거가 빈약해서가 아니라 두려움에 대한 이야기이기 때문이다. 두려움은 우리 마음 안에서 쉴 새 없이 온갖 이야기를 만들어 내고 제멋대로 활개 치며 마음을 오염시킨다. 그럼에도 두려움을 이겨 낼 수 있는 힘 또한 내 안에 있다. 그러니 책에 나오는 이야기보다 중요한 건 자기 자신에 대한 믿음이다. 스스로를 믿고, 이어지는 내용에서 부디 두려움보다 중요한 무언가를 발견하기를 바란다.

존재를 소유로 채우지 말라

두 사람이 산책을 하다가 아름다운 꽃 한 송이를 발견한다. 한 사람은 그 꽃에 다가가 유심히 쳐다보며 〈정말 아름다운 꽃이구나!〉 하고 기뻐한다. 다른 한 사람은 그 꽃을 주저 없이 꺾는다. 그는 꽃을 소유함으로써 기쁨을 느낀다. 전자는 존재 자체를 즐기는 사람이고, 후자는 소유에 가치를 두는 사람이다. 사회심리학자인 에리히 프롬은 『소유냐 존재냐』에서 삶의 방식을 소유 양식having mode과 존재 양식being mode으로 나누어 설명했다.

나는 둘 중 어떤 양식의 삶을 지향할까? 간단히 알 수 있는 방법이 있다. 2장에서 정리한 소망과 직업 가치를 들여다보는 것이다. 그것들은 소유와 존재 중 어디에 기울어 있는가? 만일 당신이 소유 중심의 사람이라면 경제적 안정을 중시할 확률이 높다. 다만 자신이 소유 중심이라 단정 짓기 전에 반드시 짚어 볼 점이 있다. 자본주의는 끊임없이 개인의 소유욕을 자극하기 때문에 나의 가치관도 부지불식간에 떠밀리듯 소유 지향적으로 변모했을 가능성이 높다.

쾌락의 쳇바퀴에서 벗어나려면

자본주의는 눈부신 발전을 이뤘지만 무시할 수 없는 부작용도 낳았다. 대표적으로 자본주의는 TV, 영화, 패션, 스포츠 등의 문화 산업을 통해 교묘하게 〈소비가 곧 미덕〉임을 주입함으로써 사람들의 욕망을 왜곡하고 주조했다. 예컨대 패션 트렌드는 대중의 자연스러운 선택이 아닌 세계적인 디자이너 그룹의 인위적 조작에 의해 결정된다. 그런 유행에 뒤처지지 않기 위해 사람들은 꽤 많은 돈을 쓴다. 자본주의는 문화를 상품화함으로써 욕망을 자극하고 없던 시장을 만들어 냈다. 이 때문에 현대인은 소비를 통해 능력을 확인하고, 소유물을 통해 자신의 존재 가치를 증명하려고 한다. 〈나는 소유한다. 고로 존재한다〉형 인간으로 세뇌된 것이다.

이런 세뇌의 치명적인 문제는 사람들에게 존재감을 소유로 해갈할 수 있다는 믿음을 심어 준다는 데 있다. 열 배 비싼 명품 핸드백이 열 배 아름답다거나, 만족감이 열 배 오래 가는 것은 아니다. 2억짜리 스포츠카가 2,000만 원짜리 차보다 열 배 더 빨리 달릴 수 없으며, 두 배 빨리 달리는 것조차 법이 허락하지 않는다. 그럼에도 현대인들이 명품을 선호하는 이유는 무엇일까? 제품의 기능이 아니라 〈자부심〉 때문이다. 〈그 정도는 살 수 있는 인간〉이라는 존재감, 타인에게 자랑하고 싶은 마음, 이것은 분명 소유욕이 아닌 존재욕이다.

여기에 모순이 있다. 소유욕은 충분한 소유로 채우고, 존재욕은 충만한 존재감으로 채워야 한다. 그런데 현대인들은 존재욕을 소유물로 채우려 한다. 밑 빠진 독에 물을 붓는 격이다. 소유에서 오는 존재감은 잠시 채워진 듯하다가 금세 사그라지고 공허해진다. 공허함을 채우기 위해 더 큰 소비와 더 색다른 소유를 찾아 헤매고, 결국 〈쾌락의 쳇바퀴 hedonic treadmill〉에 빠진다.

이런 사람들은 소유물을 통해 자신의 존재 가치를 증명하려 한다. 통장 계좌를 보여 줄 수는 없으니 〈이 차 어때?〉, 〈나 예뻐?〉, 〈나 품격 있어 보이지 않아?〉 등과 같은 외부 확인을 통해 끊임없이 자기 존재를 확인받으려 한다. 이런 식의 자기증명은 명품 같은 물건뿐만 아니라 성형한 외모나 넘치는 근육, 학벌과 직장의 인지도, 과도한 자녀 교육 등 다양한 모습으로 나타난다. 지나친 자기 과시는 사실 타인의 인정을 통해 공허한 존재감을 채우려는 자기 위로의 한 방식일 따름이다. 그렇게라도 하지 않으면 그 허한 속을 달랠 수 없기 때문이다.

풍부한 소유에서 충만한 존재로

존재가 충만한 사람은 필요 이상의 소유에 집착하지 않는다. 자연을 벗 삼아 사는 사람들, 친밀한 관계 속에서 교감하는 사람들, 자신이 믿는 가치에 헌신하는 사람들은 왜곡된 욕망에 휘둘리지 않는다. 고대 그리스의 철학자 디오게네스가 저녁거리로 빵과 콩을 먹고 있을 때 마침 아리스토포스가 지나가다 그를 보았다. 그는 왕에게 빌붙어 갖은 아첨을 떨며 안락을 누리는 사람이었다. 아리스토포스가 말했다.

「왕에게 굽실거리는 법을 좀 알면 그 따위 콩으로 연명하지 않아도 되련만.」

조용히 디오게네스가 대답했다.

「콩으로도 만족할 줄 알면, 굽실거리며 살지 않아도 될 텐데.」

디오게네스에게 중요한 것은 소유가 아니었다. 적은 소유로도 충분히 행복했기 때문이다. 그가 일광욕을 즐기고 있을 때 알렉산드로스 대왕이 찾아와 소원을 물으니, 〈위대한 왕이시여, 당신이 나의 따뜻한 햇볕을 가리고 있으니 옆으로 한 발짝만 비켜서 주시오〉라고 대답했던 일화는 유명하다. 디오게네스의 사상을 견유(犬儒)학파라 불렀는데 욕심 없이, 지금 이 순간에 만족하며 사는 〈개와 같은 생활〉을 추구했기 때문이다. 실제로 그는 커다란 항아리를 집으로 삼고 자유롭게 살았다.

그림 18. 장레옹 제롬의 「디오게네스」, 1860년

대단한 철학자가 아니더라도 우리 주변에는 가진 것 없이도 행복한 사람들이 있다. 나(승오)는 전작 『시골 수업』에서 귀촌해서 살아가는 8명의 숨은 고수들을 소개한 바 있다. 인터뷰를 위해 집을 여러 번 방문했는데 대부분이 작은 집에 살고 있었다. 땅값도 싼데 왜 마당 있는 큰 집을 얻지 않았느냐고 물으니 하나같이 〈저 앞의 산과 들판이 모두 내 마당인데 굳이 큰 집이 필요 있겠느냐〉고 반문했다. 이분들은 모두 검소했고 자신의 일을 즐기며 행복해했다. 인터뷰 내내 이들의 정신적 풍요로움과 성숙에 큰 감명을 받았다.

에이브러햄 매슬로의 욕구 단계 이론은 생존, 안전, 소속, 존경, 자아실현 등 인간의 기본적인 욕구를 위계적으로 설명한다. 많은 이들이 이 이론을 〈하위 단계의 욕구 충족이 상위 욕구의 발현을 위한 필요조건이 된다〉는 측면에서 인용한다. 먹고살만 해야 존경받고 싶어 하고, 충분한 존경을 얻어야 비로소 자아실현을 갈구하게 된다는 식이다. 그러나 이는 매슬로의 이론의 반쪽만을 강조한 것이다. 매슬로는 세상을 떠나기 얼마 전 5단계 욕구 피라미드를 뒤집어야 한다고 말한 것으로 전해진다. 연구를 진행할수록 자아실현 욕구가 인간의 가장 기본적이고 중요한 동기임을 알게 되었기 때문이다. 그는 상향식의 욕구 충족만큼이나 하향식의 〈욕구 초월〉도 중요하다고 보았다. 즉, 상위의 욕구가 채워지면 하위의 욕구에는 크게 연연하지 않는다는 것이다.

대부분의 문제는 한 단계 높은 차원의 욕구가 충족되면 저절로 풀린다. 예컨대 왕따로 괴롭힘을 당하는 아이를 도와주는 방법은 육체적 힘을 키워 주는 게 아니라 한 단계 상위 욕구인 〈소속감〉을 느끼게 해주는 것이다. 즉, 마음을 털어놓을 수 있는 친구 몇 명을 사귀게 되면 안전 문제는 자연히 해결된다. 이와 함께 아이의 자존감을 키워 줄 수 있다면 가장 훌륭한 해결책이라고 할 수 있다. 높은 곳에 오르면 더 넓게 볼 수 있듯이,

그림 19. 에이브러햄 매슬로의 〈욕구 단계 이론〉

한 차원 높은 수준의 동기가 채워지면 아래 차원의 욕망은 작아진다. 돈에 대해서도 마찬가지다. 정신적인 만족감이 채워지면 돈에 대한 집착이 확연히 줄어든다.

돈이 적다고 해서 저절로 존재감이 커지는 것은 아니기에 존재와 소유가 반비례한다고 할 수는 없다. 그렇지만 존재가 커질수록 필요 이상의 소유에 집착하지 않게 된다. 왜 많은 사람들이 법정 스님의 『무소유』를 그토록 오랫동안 사랑할까? 존재를 소유로 채울 수 없음을 마음 깊숙한 곳에서 알고 있기 때문이다. 소유란 결국 외부의 것이기에 언제든 잃을 수 있다. 그래서 〈소유=나〉라고 생각하는 사람들은 필연적으로 불안할 수

242

밖에 없다.

만약 당신에게 소유와 경제적 안정이 매우 중요하다면, 한 번쯤 돌아볼 일이다. 저 아래에서는 소유를 통해 존재감을 뽐내고 싶거나 〈남부럽지 않은〉 생활수준을 유지하고 싶은 것은 아닌지? 그 욕구는 순수한 소유욕인지, 아니면 존재욕의 왜곡인지? 자본주의가 자극하는 소유의 늪에 함몰되지 말아야 한다. 존재감을 돈으로 채우려는 사람은 갈증을 바닷물로 해결하려는 것과 같다. 마실수록 갈증이 심해지다 결국 죽음에 이르게 된다.

부가적으로 언급하자면 〈수입의 안정성〉에 대해서라면, 50세 이전이 아닌 인생 전체를 놓고 계산해야 한다. 독립한 인디 워커의 수입은 일반적인 직장인보다 액수도 적고 불안정할지도 모른다. 하지만 원한다면 오래 벌 수 있고, 수입이 갑자기 0으로 떨어지지도 않는다. 반면 직장인은 50세를 전후로 갑자기 수입이 0이 될 위험에 놓인다. 『직업의 종말』의 저자 테일러 피어슨이 말했듯 〈이 시대에 안정된 직장에 있는 사람들은 실은 위험을 축적해 가고 있다〉. 인생 전체의 수입으로 놓고 보면 직장인과 인디 워커 중 누가 더 안정적인가? 직장인이 60세 넘어 일하는 모습을 상상할 수 없지만, 인디 워커는 그때도 자신만의 직업으로 활발히 활동하고 있을 것이다.

인디 워커는 소유가 아닌 존재에 초점을 맞춘다. 행복의 핵심은 존재에 있다고 믿기 때문이다. 당신이 정말로 원하는 것은 돈이 아니라 돈 너머의 존재감, 나아가 행복 아닌가? 그렇다면 굳이 돈이나 소유를 통해 에둘러서 행복에 이를 필요는 없다. 존재 속으로 직진할 수 있기 때문이다. 가장 확실한 방법은 자기다운 일을 하는 것이다. 나를 살아있게 만드는 그 일에 몰입하면 행복감을 느끼면서 동시에 가난하게 살지는 않는다. 돈이 부족할 순 있어도 행복이 부족하지는 않을 것이다. 정말 가난한 것은 돈이 없는 게 아니라 돈 때문에 행복을 포기하는 것이다.

소박한 삶, 더 적게 더 좋게
먹고살 수 있을까? 하고 싶은 일을 해서 과연 돈이 될까?

1889년 미국의 저널리스트 넬리 블라이Nelli Bly는 자신이 일하던 신문사에 대담한 제안을 한다. 쥘 베른의 소설 『80일간의 세계 일주』보다 더 빨리 세계 일주를 하겠다는 것이었다. 거의 모든 사람들이 불가능한 일이라고 단언했다. 당시는 비행기가 발명되기 전이어서 배와 기차를 이용해야 했으며 여성이 세계 일주를 하려면 많은 짐이 필요하다는 게 그 이유였다.

주변의 만류에도 불구하고 그녀는 뉴욕을 떠나 영국, 프랑스, 이탈리아를 여행하고 이집트, 스리랑카, 홍콩, 일본 등을 거쳐 4만 5,000킬로미터에 달하는 세계 일주를 72일 만에 해냈다. 그녀가 여행을 마치고 뉴욕에 도착했을 때 손에는 출발할 때와 마찬가지로 작은 손가방 하나가 들려 있었다. 짐이 많았다면 블라이는 끝까지 여행을 하지 못했을 것이다.

배낭의 무게는 두려움의 무게다. 여행 초심자들이 자신의 키만한 배낭을 짊어지는 이유다. 능숙한 여행자는 〈덧셈의 사고〉가 아닌 〈뺄셈의 사고〉로 짐을 최소화한다. 짐이 적어야 자유롭게 다닐 수 있다는 걸 알고 있기 때문이다. 인디 워커 또한 소유의 짐이 적을수록 자유롭다. 보다 현명하게 소유하는 다음 몇 가지 삶의 지혜를 체득하면 소박하게, 그리고 더 자유롭게 커리어를 추구할 수 있다.

남과 비교하지 않는다

연애 시절 10만 원짜리 반지를, 결혼 20주년 선물로 50만 원하는 반지를, 그리고 70세에 자녀들로부터 250만 원짜리 반지를 받았다고 할 때, 각각의 단계에서 느끼는 기쁨은 대체로 비슷하다. 다섯 배씩 가격이 뛰었다고 해서 다섯 배 기쁜 것도 아니고, 지속 시간이 다섯 배가 되는 것도 아니다. 물건의 가격에는 한도가 없지만 사람의 감정에는 한계가 있기 때문이다. 큰 부자가 되어 아주 근사한 물건을 소유하더라도, 거기서 느끼는 기쁨은 10만 원 반지를 받은 기쁨과 크게 차이 나지 않는다.

현대 사회과학이 발견한 가장 중요한 사실 중 하나는, 높은 소득 수준과 행복 사이에 뚜렷한 상관관계가 없다는 점이다. 심리학자 필립 브릭먼은 복권 당첨과 행복의 상관관계를 연구했는데 복권 당첨자들과 일반인 사이에 행복도는 별 차이가 없었다. 긍정심리학의 선구자 에드 디너는 『포브스』지에 등재된 미국 최고의 부자들 100명과 일반인 100명의 행복 수준을 조사했는데, 결과는 억만장자들이 일반인들보다 삶에 대한 만족도가 조금 더 높은 수준이었다. 흥미로운 사실은 갑부들 중에서 돈이 행복을 보장한다고 생각하는 사람은 단 한 명도 없었다는 점이다.

물론 찢어지는 가난은 불편을 넘어 불행한 일이다. 그러나 소득이 기본적인 욕구를 충족할 수 있는 수준에 도달한 이후에는 소득이 더 높아져도 만족도가 그다지 올라가지 않는다. 그렇기에 우리는 많지 않은 소득에도 행복하게 사는 이웃을 종종 찾아볼 수 있는 것이다. 단, 여기에는 〈비교하지 않는다〉는 전제 조건이 붙는다. 〈내 친구는 100만 원짜리 반지를 받았는데〉라거나 〈예전에 난 더 좋은 것을 가졌었는데〉 하는 식의 비교야말로 불행의 원천이다. 이와 같은 비교는 자존감이 낮은 사람의 특징이기도 하다. 소유와 자존감은 아무런 상관이 없어서 많은 걸 소유한 사람 중에 남과의 비교에 민감하게 반응하는 이들이 의외로 많다.

프랑스의 뛰어난 요리사 베르나르 루아조Bernard Loiseau는 52살의 나이에 아내와 세 자녀를 남겨 두고 자신의 집에서 총기로 자살했다. 미슐랭 가이드에서 그의 식당이 줄곧 유지해 온 최고 등급에서 별 하나를 뺄 거라는 소문을 들었기 때문이었다. 그는 죽기 전 지인들에게 〈나는 항상 1등이 되려고 했는데, 이제 2등도 아닌 3등이 되었다〉라고 말하며 괴로워했다. 외부의 평가에 의존하는 존재감은 이토록 위태롭다. 특히 가진 게 많을수록 더욱 그렇다.

비교는 습관이자 중독이다. 진정으로 존재감이 충만한 이는 남과 비교하지 않는다. 매슬로의 말을 빌리면 〈음악가는 음악을 만들고, 화가는 그림을 그리고, 시인은 시를 써야만 궁극적인 행복을 얻을 수 있다. 인간은 자신의 본성에 진실해야 한다〉. 자기다운 일에 몰입할 때 자존감은 충만해지며 남과의 비교에 연연하지 않는다.

경험의 본질에 집중한다

심리학자 닐 로즈는 어떤 물건을 살까, 어떤 경험을 할까 고민될 때는 〈경험〉을 선택하는 편이 만족도가 크고 후회도 적다고 조언한다. 경험이 물건보다 기억에 오래 선명하게 남기 때문이다. 오래전에 갔던 여행은 기억해도 오래전에 가지고 있던 TV는 거의 기억하지 못한다. 물건은 같은 걸 다시 구입할 수 있지만, 여행은 날씨, 동행인, 현지 상황 등 변수가 많아 동일한 체험이 불가능한 희소재라는 측면도 있다.

물건이 아닌 경험을 선택할 때 유의할 점은 경험의 본질에 집중해야 한다는 것이다. 자칫 무언가를 〈소유하는 경험〉에 집착하면 본질을 왜곡하게 된다. 예컨대 많은 직장인들이 여름휴가로 호캉스를 선호하는 추세다. 휴가 때조차 바쁜 일정으로 체력을 소진해서 후유증을 겪고 싶지 않아서다. 이들에겐 〈여행=휴식=보상〉이다. 그래서일까, 이들 대부분은 하루에 몇십만 원씩 하는 럭셔리한 호텔에 머물며 가끔 근교 투어를 다녀오는 것을 제외하고는 주로 호텔 주변에서 시간을 보낸다. 이런 고급 호텔 밀집 지역에는 근사한 서양식 레스토랑과 고급 스파, 디너 크루즈 등이 함께 있어 얼핏 서양의 어느 부촌에 와 있는 것 같다. 이런 여행자들은 그 나라의 유적지나 박물관보다는 쇼핑 센터와 고급 음식점, 사진 찍기 좋은 카페 등의 랜드마크를 선호한다. 호캉스는 엄밀히 말해 새로운 장소와 문화를 경험한다기보다는, 나는 〈이런 휴가를 가질 만한 가치가 있다〉는 소유 측면의 보상이다. 이들이 여행을 〈비싼 쇼핑〉으로 인식하는 것도 무리는 아니다.

정말로 여행을 즐기는 사람들은 일부러라도 호텔 밀집 지역을 피한다. 현지인들이 자주 가는 식당을 즐겨 찾고 박물관이나 유적지 등을 여유롭게 돌아본다. 가급적 여러 현지인들과 교류하고, 한국에서 할 수 없는 경험을 하려 한다. 그리고 이러한 경험들이 차곡차곡 쌓여 존재감을 높인다. 이들은 여행이 끝난 후 일상을 여행처럼 살아가는 법을 터득하며, 이후에도 언제든지 훌쩍 여행을 떠난다. 저렴하게 본질에 집중하는 여행

법을 알고 있기 때문이다.

나(승오)는 대학 시절 태국에 교환학생을 다녀온 후부터 태국을 좋아하게 되었다. 지금까지 열 번 넘게 여행했고, 그중 두 번은 한 달 이상의 장기 여행이었다. 첫 번째는 부모님과 두 아이와 함께 방콕과 태국 남부에서 한 달을 보냈고, 최근에는 치앙마이와 태국 북부를 두 달간 여행했다. 화려한 여행은 아니었지만 값지고 의미 있는 여행이었다. 여행 덕에 아내는 시부모님과 무척 가까워졌고 아이들과 자연 속에서 밀도 높은 추억을 쌓았다. 치앙마이에서 여섯 살 막내가 아침에 〈아빠 나 행복하다! 왜냐면 아침에 일어나서 밤에 잠들 때까지, 엄마랑 아빠랑 형아랑…… 꼭 붙어 있잖아〉 하던 말이 귓가에 맴돈다. 우리 가족은 매년 한 달씩 세계를 돌아다니기로 약속했다. 300만 원 정도면 우리 가족이 한 달을 즐겁게 지낼 수 있음을 체험했기 때문이다.

반면 호캉스는 경험보다 소유에 가깝다. 일종의 〈시발 비용〉인 셈이다. 시발 비용이란 비속어 〈×발〉과 〈비용〉을 합친 단어로 스트레스를 받지 않았으면 쓰지 않았을 비용을 뜻한다. 〈시발〉이 비속어이기 때문에 방송 등에서는 〈홧김 비용〉으로 순화하여 쓰기도 한다. 이를 테면 스트레스를 받아 홧김에 고급 미용실에서 파머하거나 평소 버스나 지하철을 이용하던 길을 택시를 타고 가서 지출하게 된 비용 등을 일컫는다. 이러한 소비행태에는 피로와 스트레스에 대한 보상 심리가 깔려 있다. 여기에 욕설이 들어간 이유는 그렇게 돈을 써서 위안을 얻고서 다시 직장에 출근해 개고생을 해야 하는 팍팍한 현실 때문이다.

스트레스가 지속적이고 클수록 그에 대한 보상인 시발 비용에 많은 돈이 들어간다. 여행이 끝나면 막대한 여행비 지출의 구멍을 메꾸기 위해 다시 스트레스의 현장으로 들어가기를 반복하며 악순환의 고리가 생긴다. 반면 경험의 본질에 집중하는 소비는 화려하지 않지만 깊은 행복감을 주며, 비용이 적기에 부담 없이 반복할 수 있다. 여행 가이드북의 맛집 중 진짜 맛집은 드물다. 오히려 현지인으로부터 알게 된 맛집은 정겨운 분위기에 가격도 착하고 깊은 맛을 낸다. 소비도 이와 같다. 경험의 본질에 집중할 때 가성비와 가심비 모두 높은 소비를 할 수 있다.

필요한 것과 갖고 싶은 것을 구분한다

〈시발 비용〉과 더불어 젊은이들이 많이 쓰는 말이 〈탕진잼〉이다. 일상생활에서 돈을 낭비하듯 탕진하며 재미를 느끼는 소비 형태를 일컫는다. 피규어를 좋아하는 사람은 각종 피규어 구입에 돈을 아끼지 않는다. 가방을 좋아하는 사람은 각종 브랜드의 가방을 종류별로 모은다. 여기에 각종 인터넷 쿠폰과 가격 비교 사이트, 해외 직구 등의 정보가 더해져 소비를 부추

긴다. 이들은 가방을 반값도 안 되는 가격에 샀다며 좋아한다. 이미 10여 개의 가방이 비닐도 뜯지도 않은 채 쌓여 있다는 건 잊은 채. 이쯤되면 그가 가방을 멘 걸까, 아니면 가방이 그를 멘 걸까.

우리가 무언가를 소유한다는 것은 한편으로는 소유를 당한다는 것이다. 소유물은 우리가 그것을 소유하는 이상으로 우리 자신을 소유하고 얽매어 버린다. 평생 산속의 작은 오두막에서 소박하게 살았던 법정 스님은 〈필요에 따라 살아야지 욕망에 따라 살지 말라〉고 강조했다. 물건을 살 때 어떻게 싸게 살지 고민하기 전에 〈꼭 필요한 물건인지〉 먼저 물어야 한다는 뜻이다. 필요는 생활의 기본 조건이지만 욕망은 분수 밖의 바람이다.

인디 워커가 돈에 얽매이지 않고 자신의 일을 하려면 손익 분기점을 낮출 필요가 있다. 어쩌다 수입이 높아지는 시기에 맞춰 생활비를 덜컥 높여 버리면 다시 수입이 떨어지더라도 이전의 낮은 생활비로 줄이기가 상당히 어렵기 때문이다. 그러므로 평소에 소비를 잘 관리해야 한다. 소비를 줄인다는 것은 값싼 제품을 구매하는 게 아니다. 먼저 불필요한 소비를 절제하는 데서 출발한다. 무언가를 사기 전에 다음의 두 가지 질문을 하면 도움이 된다.

- 이걸 정말 필요해서 원하는 걸까? 아니면 갖고 싶은 욕망에 사로잡힌 걸까?
- 정말 내가 좋아해서 사는 걸까? 아니면 물건을 통해 나의 가치를 보여 주려는 걸까?

미니멀리즘minimalism은 소수의 단순한 요소로 최대 효과를 이루려는 방식을 통칭하는데, 소유보다 경험을 중시하는 삶에 어울리는 생활 양식이다. 요즘 유행하는 식의 〈미니멀 스타일〉로 물건을 다시 사서 집을 꾸미는 것과는 질적으로 다르다. 진정한 미니멀리스트는 생활에서 불필요한 것들을 줄임으로써 존재에 초점을 맞춘다. 적게 소유할수록 돈과 시간이 여유로워져 존재 중심의 삶이 가능해진다. 지혜로운 사람은 신중하게 골라 자신의 마음에 꼭 드는 물건을 가지되, 비슷한 다른 물건에 한눈팔지 않는다. 법정 스님은 차 마실 때 쓰는 다기(茶器)나 글 쓸 때 사용하는 만년필처럼 자신에게 꼭 필요한 물건을 하나씩만 가졌다. 대신에 당신 마음에 드는 걸 골라서 아주 오랫동안 사용했다. 그가 강조한 무소유란 아무것도 갖지 말라거나 궁색한 빈털터리가 되는 게 아니다. 군더더기를 없애고 최소한의 것만 소유함으로써 무엇에 얽매이지 않고 홀가분해지는 것이 무소유의 요지다.

남과 비교하지 않고 경험의 본질에 집중하고, 꼭 필요한 것만 가지려고 노력할 때 우리는 적은 돈으로도 행복하게 살아갈 수 있다. 그것을 깨닫게 될 때 우리는 조직에 구걸하지 않고 인디 워커로 자신의 길을 갈 수 있다. 커리어를 선택할 때 돈 때문에 제약을 받지 않는 것만큼 큰 자유도 없다. 자유에 도전해 보라.

하루는 22시간이다
너무 늦은 게 아닐까? 일찍 시작한 이들과 경쟁할 수 있을까?

파리 세관에서 20여 년간 하위 관리자로 일하던 앙리 루소가 퇴직 후 전업 화가가 된 나이는 49세였다. 〈미국의 국민 화가〉로 불리는 애나 메리 로버트슨 모지스는 루소보다 25살 많은 75세에 처음 그림을 시작했다. 68세에 퓰리처상을 수상한 프랭크 맥코트는 30여 년간 교편을 잡은 교사였으며, 처음으로 글을 쓰기 시작한 것은 60세가 지나서였다. 영국의 앤 우드 역시 교사로 정년 퇴직했는데, 이후 교직 경험을 살려 62세에 BBC의 아동 프로그램「텔레토비」를 만들었다. 오랫동안 직장에서 세일즈맨이었던 레이 크록이 맥도날드 형제에게 동업을 제안했을 때 그의 나이는 52세였다.

학습은 시간이 아닌 우선순위의 문제

인디 워커가 되는 데 늦은 때는 없다. 다만 나이에 따라 학습을 하는 비중은 달리 해야 한다. 당신이 만약 20대라면 좋아하는 것에 70, 잘하는 것에는 30 정도의 비중을 두고 새로운 시도를 과감하게 해볼 수 있다. 그러나 40대를 넘어서면 현실적인 제약을 무시할 수 없다. 그러니 자신의 경험과 강점을 중심으로 잘하는 것 70, 좋아하는 것 30 정도의 비중을 두고 학습해야 한다.

지금 50대라 해도 앞으로 일할 시간이 30년 가까이 남아 있으니 배울 시간은 충분하다. 다만 늦게 시작한 만큼 학습을 가장 높은 우선순위로 두고 생활해야 한다. 〈공부에도 다 때가 있다〉지만 성인이 새로운 학습을 어려워하는 주된 이유는 나이보다 우선순위에 있다. 일례로 많은 직장인들이 평소 책을 읽지 않는 이유로 〈시간이 없어서〉라고 답한다. 이들에게 주말 2~3시간 여유 시간에 무엇을 하는지 물어보면 거의가 독서가 아닌 TV 시청이나 게임 등 다른 활동을 꼽는다. 즉 학습은 시간의 문제가 아닌 우선순위의 문제다.

학습 시간을 확보하려면 먼저 불필요한 시간을 줄여야 한다. 일찍이 피터 드러커는 이를 위해 시간 가계부Time Log를 작성할 것을 강조했다. 매년 일주일 정도 자신이 실제로 시간을 어떻게 쓰고 있는지 실시간으로 기록해 보는 것이다. 이때 기억에 의존해 나중에 기록하지 말고, 사소한 일이라도 실제로 그 일을 한 시간에 즉시 적어 둬야 한다. 일주일치 시간 가계부를 들여다보면 우리가 얼마나 많은 불필요한 일들에 시간을 허비하고 있는지 생생하게 알 수 있다.

〈시간 도둑〉의 가장 유력한 후보는 각종 온라인 활동이다. 텔레비전, 스마트폰, 인터넷, 온라인 게임, SNS 등이 여기에 해당한다. 우리는 상시 온라인 접속 시대에 살고 있다. 이것만 줄여도 최소 하루 한 시간은 확보할 수 있다. 더불어 불필요한 모임과 술자리를 줄이는 것도 좋은 방법이다. 실존주의 철학자 하이데거는 자기다움을 잃어버린 사람의 행동 패턴을 〈잡담〉이라 명시한 바 있다. 온라인 활동과 각종 모임 외에도 시간을 허비하는 것들은 무척 많다. 시간 가계부를 통해 낭비 요인을 확인하고 엄격하게 절제하면 하루 두 시간은 확보할 수 있다.

나의 최적 시간대를 찾아내는 방법

직장인이 하루 중에 뺄 수 있는 시간대는 크게 2가지다. 출근 전과 퇴근 후 시간. 본인의 상황을 고려하되 가급적 본인에게 잘 맞는 시간대를 파악해서 활용해야 한다. 시간 생물학의 여러 연구에 따르면 사람은 저마다 유전적으로 고유한 일주기 리듬circadian rhythm을 가지고 있으며, 이 리듬을 인위적으로 통제하기는 매우 힘들다. 달리 말하면 사람마다 활력적인 시간대가 다른데, 미래학자 다니엘 핑크는 이를 종달새(새벽형), 비둘기(중간형), 올빼미(심야형)의 세 가지 유형으로 구분한 바 있다.

나(승완)는 5년 동안 새벽 수련 프로그램을 개발해 운영하며 사람마다 최적 시간대가 다르다는 사실을 절감했다. 100일 동안 새벽에 일어나 본인이 정한 활동을 수행하는 게 프로그램의 골자였는데, 총 500여 명의 참가자 중 새벽 기상을 습관화하는 데 성공한 사람은 20퍼센트가 채 되지 않았다. 새벽 기상 프로젝트에서 두각을 보인 이들은 단연 종달새형이었다. 간혹 올빼미형 중에서 놀라운 의지력으로 100일 동안 새벽 기상에 성공한 사람도 있었지만 장기적 습관으로 유지한 사람은 5퍼센트도 되지 않았다. 비둘기형의 성공 확률은 새벽에 하는 활동에 대한 만족도에 따라 편차가 컸다. 새벽 기상은 단순히 성실함의 문제가 아니었다.

본인의 시간 유형을 확인하는 방법은 간단하다. 아침잠이 많은 사람은 올빼미형일 가능성이 높고, 저녁잠이 많은 사람은 십중팔구 종달새형이다. 주말에 일어나는 시간이 주중과 같다면 새벽형에 가깝고, 주중에 비해 1시간 정도 늦게 일어난다면 중간형, 그보다 늦게 기상한다면 심야형일 확률이 높다. 이와 함께 아침과 낮, 저녁 중에서 대체로 어느 때 컨디션이 가장 좋은지 살펴보면 본인의 유형을 알 수 있다.

인디 워커가 되는 과정은 장기 프로젝트이므로 최대한 자신의 생체 리듬에 맞는 순도 높은 시간대를 활용할 필요가 있다. 종달새형은 출근 전 2시간을, 올빼미형은 퇴근 후 2시간을 적극 활용하는 게 가장 좋다. 가장 활기찬 시간을 일터에서 보내야 하는 비둘기형은 어떻게 해야 할까? 이 유형의 사람은 가장 최적인 시간에 중요한 일을 수행함으로써 업무 생산성을 높이고 심신의 컨디션을 원활하게 유지하는 데 초점을 맞춘다. 그리고 여기서 비축한 에너지를 커리어 준비에 투자한다. 또한 같은 중간형이라도 생체 리듬이 조금씩 달라서 대체로 오전에 컨디션이 좋다면 새벽 시간을, 오후에 활기 넘치는 편이라면 저녁 시간을 배정하는 게 바람직하다.

매일 정해진 시간을 커리어 준비에 투자하는 게 최선이다. 하지만 당장 평일에 정기적으로 시간을 뺄 수 없다면 주말이나 주중에 하루 이틀이라도 투자해야 한다. 이때는 시간도 최대한 많이 확보하는 게 중요하다. 노벨 생리의학상을 받은 올리버 스미시스는 자신이 〈토요일 아침 실험〉이라 부른 작은 프로젝트를 50년 넘게 진행했다. 생화학자로 경력을 시작한 스미시스는 주중과 달리 토요일에는 전문 분야를 제쳐 두고 마음이 끌리는 주제를 자유롭게 탐구했다. 얼마나 몰두했던지 아침에 시작한 실험이 오후까지 이어지는 경우가 적지 않았는데, 노벨상을 비롯한 그의 주요 성과 대부분이 토요일 실험에 바탕을 두

고 있다. 스미시스는 2017년 91세로 세상을 떠나기 1년 전까지
도 토요일 실험을 계속했다.

　스미시스는 예외적인 사례가 아니다. 2010년 노벨 물리학상
을 수상한 안드레 가임은 〈금요일 밤 실험〉을 즐겼다. 그에게
노벨상을 안긴 차세대 신소재로 손꼽히는 그래핀graphene 연구
도 재미 삼아 해본 금요일 실험에서 비롯됐다. 일본의 철학자
이마미치 도모노부는 오랫동안 매주 토요일 저녁에 단테의 『신
곡』을 탐구하는 독학 프로젝트를 진행하여 『단테 신곡 강의』를
집필했다. 그는 이 책과 함께 일흔이 넘은 나이에 차별적인 단
테 전문가로 새롭게 도약했다.

　이 세 사람은 학자이기 이전에 바쁜 직장인이었다. 다른 직
장인들처럼 평일에 일터로 출근해서 강의와 연구는 물론이고
여러 회의에 참여하고 온갖 행정적인 일도 처리해야 했다. 바
쁠 때는 야근을 하고 회식에 참석하고 출장도 잦았다. 업무량
이 만만치 않았기 때문에 주중이나 주말 하루를 따로 빼서 관
심 분야를 공부한 것이다.

　슬로 커리어의 모토는 〈자기답게, 탁월하게〉이다. 내가 가진
재료로 훌륭한 작품을 만들어 내기 위해서는 꾸준한 공부가 필
수적이다. 누구에게나 매일 24시간이 주어진다. 언제 나를 위
한 공부를 할 것인지 본인이 정해야 한다. 여기에 더해 스스로
에게 물어보라. 가장 나다운 방식으로 탁월해지기 위해서 무엇

을 공부해야 하는가?

아마추어 정신, 오래 멀리 가는 힘

오랫동안 새벽 수련 프로그램을 진행하며 또 하나 깨달은 게 있다. 본인의 시간 유형을 아는 것만큼 그 시간에 무엇을 하느냐가 중요하다는 점이다. 흥미를 자극하는 관심사나 학습 주제가 없는 참가자들은 예외 없이 새벽 기상을 습관화하는 데 실패했다. 커리어 차원에서도 돌파구를 마련하고 싶다면 학습 시간만큼 공부할 주제도 신중하게 정해야 한다. 마음을 쏟을 만한 테마가 없으면 어렵게 2시간을 빼냈다고 해도 온전히 집중하기 어렵다.

학습 주제를 정하는 보편적인 원칙은 전문 분야를 심화하고 차별 분야를 계발하는 것이다. 강점을 바탕으로 전문성을 강화하고 여기에 차별 분야를 키우고 결합하면 나만의 필살기를 완성할 수 있다. 한정된 시간을 고려할 때 가장 우선적으로 주목해야 할 주제는 차별 분야다. 전문 분야는 업무와 연관되어 있기에 상대적으로 개발할 기회가 많을 뿐 아니라 근무 시간을 활용할 수 있다. 반면 차별 분야는 보통 취미나 관심 수준에 머물러 있기에 꾸준한 투자가 필요하다. 게다가 업무 외로 빼낸 시간을 업무의 연장으로 채우면 재미가 부족해 금방 시들해질 수도 있다.

하루 두 시간을 마음을 잡아끄는 오티움이나 관심사에 쏟아보자. 글쓰기에 흥미가 있다면 매일 두 시간 동안 한 편의 글을 써서 블로그에 올린다. 강사가 되고 싶다면 매일 강의안을 만들고 주말에 테드 강연처럼 배우자에게 18분 미니 강의를 해보라. 매일 한 장의 그림을 그려서 SNS에 포스팅해도 좋다. 나(승완)는 30대 중반에 5년 가까이 MBTI와 STRONG 등 성격과 진로 탐색 도구를 공부한 적이 있다. 사실 처음부터 전문적으로 공부하겠다는 목표가 있었다기보다는 평소 진로에 관심이 많았고, 또 내 성격을 좀 더 깊이 알고 싶다는 마음으로 시작했다. MBTI에 대한 책을 한 권 읽다가 흥미가 생겨 관련 교육을 수강하게 되었고, 매일 조금씩 공부하다 보니 자연스레 성격과 진로가 연결되어 나중에는 〈MBTI 전문 강사〉와 〈STRONG 커리어 전문가〉 자격까지 취득하게 되었다. 이때 한 공부가 진로 코칭 콘텐츠를 만들고 이 책을 쓰는 데 큰 도움을 주고 있다. 그리고 이 글을 쓰는 지금도 〈인물학〉을 중심에 두고 〈대가의 학습법〉과 〈거장에게 배우는 글쓰기〉 같은 관심 주제를 탐구하고 있다.

흔히 아마추어는 〈돈을 벌 정도의 실력은 안 되고, 그저 가볍게 즐기는 사람〉을 지칭하는 용어로 사용된다. 그러나 사실 아마추어amature라는 말은 라틴어의 아마토르amator에서 유래되었는데 이 말은 〈사랑하는 사람lover〉이라는 뜻이다. 즉 아마추어는 순수하게 그 일에 매료되어 스스로의 기쁨을 위해 일하는 사람을 의미한다.

통상적인 의미에서 아마추어의 반대편에 위치하는 전문가 professional는 어떤 문제를 해결하고자 할 때 국소적으로 문제를 탐색하면서 익숙한 지식에 의존하는 경향이 있다. 친숙한 방법에 기대는 건 문제와 변수가 잘 정의된 경우에는 효율적이지만, 환경이 불확실하고 변수가 모호한 문제, 즉 난해한 문제를 풀 때는 효과가 낮다. 사실 전문 지식은 양날의 칼이다. 잘 알려진 문제에는 잘 통하지만 불확실성이 큰 문제에서는 새로운 시도를 막아서 문제 해결을 방해하기 때문이다.

오늘날 다방면에서 목격할 수 있는 놀라운 혁신은 한 분야와 다른 한 분야의 경계에서 일어나는 경우가 많다. 앞서 소개한 두 노벨상 수상자 스미시스와 가임은 자신들의 커리어가 한 분야의 전문성에 고착되는 걸 경계했다. 특정 분야의 난제를 푸는 가장 영리한 해법은 그 분야가 아닌 다른 분야의 지식에서 나온다는 걸 알고 있었기 때문이다. 도모노부 또한 자신의 전문 분야인 철학에 갇히지 않고 오히려 신곡 탐구에 철학적 사유를 응용했다. 그가 쓴 『단테 신곡 강의』가 기존의 어떤 신곡 해설서보다 참신하다는 평가를 받은 비결이 여기에 있다. 세 사람은 아마추어 정신의 모범을 보여 준다. 각자만의 실험과 학습을 통해 전문 분야가 아닌 관심 분야를 탐구할 수 있는 아마추어로서의 유연성을 스스로에게 부여했던 것이다.

아마추어의 본질은 순수한 열정과 즐기는 태도, 그리고 호기심이다. 아마추어는 오롯이 어떤 분야나 활동에 열중하며 돈이나 명성이 아닌 과정 자체에서 기쁨을 느낀다. 대체로 어떤 이데올로기에 집착하거나 도그마에 빠지지 않으며, 그만큼 자유롭고 창의적이다. 호기심도 많아서 질문 던지기를 주저하지 않는다. 이런 특성들 덕분에 아마추어는 익숙한 개념을 새로운 맥락에서 들여다보거나 기존 지식을 새로운 방식으로 활용하는 과정에서 참신한 아이디어를 발산하곤 한다. 화가 폴 고갱처럼 처음에는 아마추어로 시작해 시대를 뛰어넘는 대가로 성장한 사람들이 생각보다 많은 이유가 여기에 있다.

뛰어난 종교학자인 카렌 암스트롱과 조지프 캠벨은 종교학학위가 없다. 옥스퍼드에서 영문학을 전공한 암스트롱은 아마추어로서 독학으로 신학과 종교를 공부했으며, 바로 그랬기에 종교에 열린 마음으로 다가갈 수 있었다. 그녀는 신학에 영문학을 공부하며 익힌 문장력을 녹여 내 세상과 가장 잘 소통하는 종교 전문 작가가 되었다. 캠벨 역시 중세 문학을 전공으로 석사를 취득했는데, 다양한 관심 분야를 가진 잡학가(雜學家)답게 신화와 종교, 그리고 카를 융의 분석심리학을 스스로 공부했다. 국내에서 가장 많은 사람들이 애독하는 신화 책을 여럿 쓴 이윤기도 관련 학위가 없고 고등학교도 마치지 못했지만 오랜 독학으로 최고의 신화 해설가가 되었다.

　관련 학위가 무용하다는 말이 아니다. 다만 학위는 〈사회적 인증〉으로써의 수단은 되지만 평범과 비범을 가르는 기준은 될 수 없다는 것이다. 즉, 그럴듯한 학위나 자격증이 없다고 해서 인디 워커가 될 수 없는 건 아니라는 말이다. 오히려 바로 그 점이 새로운 도전의 계기가 될 수 있다. 스미시스와 암스트롱, 캠벨과 이윤기 등이 이 점을 잘 보여 준다. 이들 모두 〈아마추어 정신을 유지할 줄 아는 프로페셔널〉이었다. 전문가가 되어서도 순수한 열정과 즐기는 태도, 자유로운 호기심이 넘쳐흐르는 아마추어 정신을 계속 유지했다.

　인디 워커가 되려면 준비가 필요하다. 하루 2시간의 집중 학습이 가장 확실한 준비다. 학습을 중심에 두고 자신의 시간과 자원을 투자할 때 하루가 어떻게 달라질지 상상해 보라. 그 하루하루 속에서 내 손으로 나를 닮은 세계 하나를 만들어 낼 수 있다. 그러므로 스스로 다짐해 보라.

〈이제 내 하루는 22시간이다. 2시간은 가장 중요한 일에 미리 배정했다.〉

고독이 관계를 깊어지게 한다
관계가 단절되면 어쩌지? 홀로 뒤처져 외로워지는 건 아닐까?

 북아메리카의 인디언들이 버펄로를 사냥하는 방법 중에 〈버펄로 점프Buffalo Jump〉라 불리는 것이 있다. 버펄로의 눈은 앞쪽으로 달려 있지 않고 길쭉한 머리 양옆에 달렸다. 게다가 흥분하면 머리를 숙이고 달리기 때문에 앞으로 달려가면서도 비스듬히 옆의 동료들을 보며 달리게 된다. 인디언들은 이런 특성을 놓치지 않았다.

 우선 말을 달려 버펄로 떼를 빠르게 몰아붙인다. 인디언들이 버펄로들을 몰고 가는 곳은 다름 아닌 절벽 끝이다. 맨 앞줄에서 달려가던 버펄로가 절벽 가장자리에 다다르면 뒤에 오는 동료들에게 정지하라고 울부짖기 시작한다. 그러나 이미 때는 늦었다. 제일 앞의 버펄로들은 정지할 틈도 없이 뒤에서 달려오는 녀석들에게 밀려서 절벽 밑으로 떨어진다. 바로 그 뒤에 따라오던 무리는 절벽을 보지 못해 제 발로 뛰어내린다. 앞줄은 밀려서 떨어지고 그 뒷줄은 제 발로 추락하는 한바탕 소동이 끝나면 인디언들은 절벽 아래서 기다리고 있다가 떨어져 죽은 버펄로들을 가지고 돌아간다. 사냥은 이렇게 끝이 난다.

무리 속에 있다고 안전할까?

숫자가 많다는 것이 안전하다는 증거는 아니다. 특히 요즘 같은 격변의 시대에 군중이 몰려가는 곳은 풀이 무성한 낙원이 아닌 모서리가 날카롭게 서 있는 벼랑 끝인 경우가 많다. 『시장의 유혹, 광기의 덫』의 저자 로버트 멘셜은 젊은 날부터 〈군중의 광기〉에 관심이 많았다. 그는 네덜란드의 튤립 구근 열풍, 댐이 무너진다는 누군가의 고함으로 도시 전체 시민이 대피한 사건, 그리고 미국 대공황 등의 사례를 수십 년 동안 모으는 한편, 대중의 과도한 열기에 휩쓸리지 않는 방법을 연구했다. 그리고 이러한 통찰을 주식 투자에 적용하여 40년 넘게 획기적인 수익률을 올린 전설적인 투자가가 되었다. 그는 책에서 〈확신에 찬 군중이 몰리는 것일수록 틀릴 가능성이 높다. 설사 맞았다고 해도 모든 사람이 옳았다면 그에 따른 보상도 없을 것이다〉라고 꼬집었다.

많은 이들이 무리에서 뒤처질까 봐 새로운 커리어를 망설인다. 야심 찬 각오로 퇴사했지만 몇 년 못 버티고 조직으로 돌아오는 경우를 많이 보았기 때문일지도 모른다. 퇴사한 많은 이들이 홀로서기의 불안정함을 토로한다. 하지만 길게 보면 조직이라고 해서 마냥 안전한 건 아니다. 우리는 늦어도 50대에는 조직의 지붕을 벗어나야 하고 이후 30년 이상을 홀로 살아가야 한다. 조직에 오래 있을수록 조직에 대한 의존도가 커져 자립하기 더욱 힘들어질 수 있다.

무리 속이 안전한 것은 아니라는 각성을 했다면, 조직 내에서 홀로서기를 훈련해야 한다. 이때 필요한 것은 마음속에서 들려오는 신호를 들을 수 있는 진정한 의미의 고독이다. 사람은 고독할 때 비로소 자신과 삶을 돌아보기 때문이다. 물론 인간은 다른 사람과 상호작용하고 협력하며 발전한다. 인간관계 능력은 정신적 성장의 증거다. 동시에 관계 능력 못지않게 고독의 능력 또한 매우 중요하다. 인간은 본질적으로 홀로일 수밖에 없는 존재이다. 세상에 태어날 때도 혼자 왔고 떠날 때도 홀로 가야 한다. 앤서니 스토는 『고독의 위로』에서 혼자 있을 때 사람들은 내면의 가장 깊은 곳과 접촉하고 생각을 다듬고 의식을 전환할 수 있다고 강조했다. 홀로 있을 수 있는 능력 역시 성숙한 인격의 기준이다.

고독, 인생 학교에서 꼭 익혀야 할 능력

고독solitude은 외로움loneliness과 다르다. 외로움은 뭔가에 의존하는 사람이 그것으로부터 단절되었을 때 느끼는 감정이다. 반대로 고독은 의존하지 않는 마음가짐, 주체적으로 생각하고 행동할 줄 아는 태도이다. 그래서 외로움의 다른 말은 의존감이고 고독의 그것은 자존감이다. 외로움이 혼자 있는 고통이라면, 고독은 홀로 있는 기쁨이다. 어떤 의미에서 외로움은 〈고독으로부터 도망치려고 하는 감정〉으로, 고독을 즐길 수 없는 상태를 말한다. 고독의 부재가 외로움인 것이다. 쉽게 외로워지는 사람일수록 고독을 고립으로 착각한다. 고립은 독방에 갇힌 것마냥 관계가 끊어진 단절인 반면 고독의 본질은 물리적으로 혼자 있는 게 아니라 나로서 자립하는 존재 방식, 즉 세상 속에 살면서도 자기 빛깔과 리듬을 가꿔 나가는 것이다.

종종 관계 단절에 대한 두려움 때문에 인디 워커가 되는 걸 망설이는 사람을 만난다. 자칫 아웃사이더로 낙인 찍혀 동료들과 멀어지거나 가족이나 배우자의 지지를 받지 못할까 봐 두렵다고 한다. 그런데 가만히 보면 이들이 두려워하는 건 외로움인 경우가 많다. 무리에서 이해도 인정도 받지 못하고 홀로 남겨질 것 같다는 게 주된 두려움이기 때문이다. 그런데 고독의 능력을 익히면 외로움이 허상이었음이 자명해진다. 고독은 부산한 외부 활동을 멈추고 마음을 보는 가장 좋은 자리여서 스스로를 돌아보게 하고 삶을 깊어지게 한다. 한 분야의 대가로 성장한 사람들 가운데 높은 인격을 겸비한 이들을 보면 거의가 오랜 시간 고독을 통해 자신을 성찰해 왔음을 알 수 있다.

물론 자신의 길을 찾아 걸어가다 보면 인간관계의 범위가 줄어들거나 관계의 지도가 달라질 수 있다. 전에 가까웠던 사람들과도 멀어질 수 있다. 자주 어울리는 친구들이 달라지고 가족 관계에 균열이 생기는 경우도 있다. 특히 초창기에 그런 현상이 두드러진다. 내(승오)가 서른 살에 진로를 바꿔 교육 일을 시작했을 때, 주변 동료들은 수군거렸고 가장 친한 친구들조차 내가 변했다며 불편한 기색을 드러냈다. 가치관이 뚜렷해지니 대화 도중 충돌할 일이 잦았고, 한 번은 주먹다짐이 오간 적도 있었다. 가족의 반대 역시 적지 않은 부담이었다. 아들을 KAIST에 보낸 자부심이 대단하셨던 부모님 역시 실망감을 감추지 못했다. 한 번도 아들의 결정에 반대하지 않았던 아버지는 〈대체 네가 무슨 생각인지 모르겠다〉며 역정을 내셨다.

지금 돌아보면 나의 길을 찾아가는 홀로서기의 한 과정이었을 뿐이라는 생각이 든다. 나중에야 알게 된 사실이지만 아버지는 내 글의 숨은 열혈독자였다. 변화경영연구소 홈페이지에서 내 글의 조회 수가 유독 높았던 이유는 아버지 때문이었다. 친구들과는 1년 정도 서먹한 과도기를 겪었지만 지금은 예전처럼 가깝게 지낸다. 가치관은 달라졌지만 우정은 변치 않았음을 확인했기 때문이다. 몇 번의 이직을 할 때마다 〈직장 동료〉는 변했고 그중 연락하는 사람은 극소수지만, 대신에 내 길을 가면서 좋은 사람들과 멋진 인연을 맺었다. 특히 변화경영연구소에서 평생을 함께할 사우(師友)들을 만났다.

깊은 관계를 위한 6가지 조언

인디 워커가 되면 고독을 자연스럽게 훈련하게 되며 관계 역시 〈양보다 질〉로 변한다. 전보다 관계의 폭은 좁아질 수 있지만 깊이는 더욱 심원해진다. 관계를 찬찬히 돌아볼 마음의 여유와 함께 관계에 생기를 불어넣는 여백이 생기기 때문이다. 그리고 친밀하고 신뢰하는 관계일수록 상대의 고독을 존중한다. 이처럼 고독과 관계는 상극이 아니라 상호 보완적이다.

그간의 경험을 바탕으로 인디 워커로서 인간관계를 어떻게 맺을지에 대해 조언을 더하고자 한다. 물론 정답은 아니며 이 조언들을 모두 따를 필요도 없다. 다만 우리 두 저자가 10년 넘게 슬로 커리어를 추구하며 쌓은 경험에서 나온 것이므로 참고하면 도움이 될 것이다.

첫째, 고독을 친구로 삼아 보자. 외로움을 피하려다 보면 여러 사람들을 더 많이 더 자주 만나려는 유혹에 빠지기 쉽다. 그러나 한바탕 웃고 떠든다고 해서 고립감은 사라지지 않고 오히려 타인과의 비교로 의기소침해지거나 공허한 만남에 쓸쓸해질 수 있다. 우리는 홀로 있어서 외로운 게 아니다. 자신과의 대화가 부족하기에 타인에게 의존할 뿐이다. 관계가 사람과 사람을 연결한다면 고독은 내면에 자리하고 있는 여러 모습의 나를 연결해 준다. 영화 「캐스트 어웨이」의 주인공이 배구공 〈윌슨〉에게 했듯 고독이 만든 내면 공간에서 자신에게 다정한 말을 건네고 대화를 나눠 보라. 가장 추천하고 싶은 내적 소통의 도구는 일기다. 스스로에게 편지를 쓰듯 일기를 써보라. 고대 그리스의 지혜로운 황제 마르쿠스 아우렐리우스처럼 나만의 명상록을 기록해도 좋다. 내밀한 글쓰기는 자아와 일상을 반추하고 쇄신할 수 있는 기반을 제공한다. 이참에 매일 자신과 대화를 나누는 통로를 마련해 보는 건 어떨까.

둘째, 타인의 시선에서 초연해진다. 한동안 일을 쉬어 본 사람이라면 평일 낮에 동네를 거닐 때 느껴지는 사람들의 시선이 불편했던 적이 있을지도 모르겠다. 그런데 조금만 생각해 보면 사실 아무도 나를 유심히 지켜보고 있지 않다. 기껏해야 잠시 관심을 둘 뿐, 대다수는 자기 몸 하나 챙기기도 바쁘다. 타인에 〈보여지는 나〉에 마음 두지 않을 때 지금 여기에 나답게 존재할 수 있다.

셋째, 침묵을 훈련한다. 오늘날처럼 온갖 소음과 자극이 난무할수록 침묵을 통해 내면의 균형을 회복할 필요가 있다. 고독이 관계를 싱싱하게 하듯이 침묵은 언어생활을 슬기롭게 한다. 물론 여기서 침묵은 말만이 아니라 마음의 고요까지 포괄한다. 혼탁한 마음은 침묵을 통해 맑아진다. 그래서 디팩 초프라는

〈내면의 침묵과 만나는 방법을 깨달아 얻게 되는 창의적인 영감과 안정감을 대신할 만한 것은 아무것도 없다〉고 강조했다.

침묵을 실천하는 가장 좋은 방법은 명상을 익히는 것이다. 처음부터 완벽하게 하려고 하지 말고 가볍게 접근하는 게 좋다. 서점에 들러 마음에 드는 명상 책을 하나 고르고 바로 실천해 보자. 어떤 책을 골라야 할지 모르겠다면 틱낫한 스님의 『틱낫한 명상』, 수키 노보그라츠가 쓴 『Just Sit 일단 앉으면』이 입문자에게 적당하다. 명상의 관건은 기법이 아니라 꾸준한 실천이다. 명상하는 데 준비 시간을 포함해 하루 30분이면 충분하다. 매일 조금씩 명상을 하다 보면 명상 방법도 자연스레 진화한다.

넷째, 배우자를 동지로 삼는다. 배우자는 새로운 큰 도전을 하고자 할 때 반드시 설득해야 하는 사람이다. 동시에 가장 까다로운 고객이기도 해서 그의 마음을 얻을 수 있으면 다른 고객들을 설득하기는 오히려 쉽다. 배우자를 내 편으로 만드는 최고의 방법은 제대로 준비하는 모습을 보여 주는 것이다. 철저한 준비만큼 믿음을 주는 것도 없다. 본인의 계획을 일목요연하게 정리하여 배우자를 설득해야 한다. 배우자의 합리적인 의심에 〈나를 못 믿는 거야?〉라고 말하지 말고, 보완책을 고민하여 다시 설명할 줄 알아야 한다. 이 과정이 에너지를 소모하는 문제가 아닌 새로운 커리어를 준비하는 작업이기도 하다는 점을 기억하자. 그런 노력들이 쌓일 때 당신의 준비는 탄탄해지고 배우자의 신뢰도 얻을 수 있다.

나(승완)는 결혼할 때 직장을 나온 상태로 확실한 직업이 없었다. 새로운 커리어를 준비하고 있었기에 당장 이직이나 창업을 하기도 어려운 상황이었다. 나는 아내에게 내 상황과 함께 앞으로의 꿈과 계획을 설명했다. 몇 년 동안 아내 홀로 벌어야 할지도 모를 상황이었음에도, 아내는 늘 경청하고 같이 고민했으며, 큰 문제가 닥칠 때면 든든한 조력자가 되어 주었다. 무엇보다 아내는 나의 꿈과 잠재력을 나 자신보다 더 믿어 주었다. 사실 아내와 나는 결혼할 때 서로의 꿈을 가장 먼저, 그리고 가장 마지막까지 지지해 주기로 약속했는데, 아내는 그 약속을 완전히 지켰다. 내가 아내를 존경하는 가장 큰 이유다.

다섯째, 영감을 주는 스승을 찾아보자. 스승은 학교 다니는 학생에게만 필요한 게 아니다. 스승의 진정한 역할은 제자가 발견해야 할 본연의 나를 암시하고 제자가 열어야 할 새로운 삶의 모델을 보여 주는 것이다. 그래서 스승이 진짜로 필요할 때는 성인, 특히 사회에 나온 이후이다. 직업 활동을 포함해 세상은 학교와는 비교할 수 없을 정도로 불확실하고 역동적이다. 이 험난한 파도를 지혜롭게 통과해 나가려면 삶의 중요한 갈림길에서 〈그분이라면 어떻게 했을까?〉라고 물을 수 있는 스승이 한 명은 있어야 한다.

스승에게 직접 가르침을 받으면 좋지만, 직접 만나지 못하는 스승을 마음으로 본받아 배우는 방법도 있다. 스승의 책과 작품 등을 통해 배우는 과정을 사숙(私淑)이라 하는데, 맹자는 자신보다 170여 년 이전에 태어난 공자를 오랫동안 사숙해 스승과 견줄 수 있는 경지에 올랐고, 다산 정약용은 한 번도 만나지 못한 성호 이익을 일생의 스승으로 존경했다. 훌륭한 스승을 사숙해 정신적 지평이 넓어진 사례는 동서고금의 역사에 별처럼 반짝이고 있다. 나(승완) 또한 카를 융과 법정 스님을 마음속 스승으로 사숙하고 있다. 나 자신에게 〈거울〉과 〈등대〉가 되어 줄 수 있는 한 사람을 찾아보자.

마지막으로 같은 관심사를 가진 커뮤니티와 교류해 보자. 보통 직장 동료는 회사를 나오는 순간 급격히 멀어진다. 관심사의 공통 기반인 회사가 사라지기 때문이다. 그에 비해 이해관계 없이 처음부터 비슷한 관심사로 묶인 커뮤니티는 쉽게 멀어지지 않는다. 구성원 각자의 경험을 공유하고 함께 실험함으로써 배움은 깊어지며, 나아가 자신에 대해 더 깊이 알게 된다. 10년 넘게 함께 공부하고 이 책을 포함해 여러 권의 책을 함께 쓴 우리 두 사람도 변화경영연구소라는 공통의 관심사를 가진 커뮤니티에서 처음 만났다.

인디 워커는 사막이나 동굴이 아닌 수많은 사람들이 살아가는 사회를 무대로 활동한다. 관계와 소통은 인디 워커에게도 여전히 중요하다. 동시에 자기다움과 자립을 지향하는 슬로 커리어는 필연적으로 고독을 수반한다. 이 고독은 자기와의 대화를 이끌며, 이 대화가 깊어질 때 타인과의 관계도 더욱 심화되고 소통도 진실해진다. 인디 워커는 고립과 단절이 아닌 깊은 관계와 충만한 존재를 바탕으로 진정 나답게 살아가는 것이다.

잠들기 전 꿈꾸는 최고의 미래
내가 과연 할 수 있을까? 내겐 미래가 보이지 않아.

누구에게나 잊을 수 없는 영화가 있고, 잊을 수 없는 책이 있다. 그리고 그 안에는 잊을 수 없는 장면과 문장이 있다. 우리 삶에도 그런 순간이 있다. 인생은 시간이라는 강물을 타고 흘러가 버리지만 소중하고 아름다운 순간만은 우리의 영혼에 각인된다. 인생은 우리가 숨 쉰 모든 날들의 합이 아니라, 숨막힐 정도로 깊이 경험한 순간들의 합이다. 산다는 건 곧 순간과 장면들을 경험하는 것이다.

당신의 삶은 어떤 순간들로 채워져 있는가? 인생에서 최고의 장면은 무엇이었는가? 빛나는 장면 하나를 떠올릴 수 없다면 슬픈 일이다. 그러나 비극은 아니다. 인생의 진짜 비극은 앞으로 맞이할 미래에 그런 최고의 장면을 상상할 수 없다는 것이다. 상상할 수 없다면 결코 현실화할 수 없다. 자신의 이야기를 만들어 내지 못하면 〈라떼는 말이야〉로 시작하는 과거 속에 살거나 다른 사람이 짜놓은 이야기대로 살게 된다. 그러므로 스스로에게 물어보라. 내 인생을 어떤 순간들로 채우고 싶은가? 내가 꿈꾸는 최고의 장면은 무엇인가?

최고의 순간을 잠재의식에 새긴다

아인슈타인의 특수 상대성 이론에 따르면 어떤 물체가 빛보다 더 빠르게 움직일 수 있다면 시간의 연속선상에서 미래 혹은 과거로의 여행이 가능해진다. 즉, 우리가 〈빛의 장벽〉을 돌파할 수만 있다면 시간을 껑충 뛰어넘는 일이 가능하다. 그러나 기껏해야 100미터를 10초대에 뛰는 우리의 육체가 그것을 가능하게 해줄 것 같지는 않다. 반면 우리의 의식은 시간으로부터 자유롭다. 사람들은 과거를 회상하며 심각한 얼굴로 중얼거리기도 하고, 미래를 상상하며 미소를 짓기도 한다. 그렇다면 우리의 의식 중 일부는 〈빛의 벽〉을 뛰어넘어 자유롭게 과거와 미래를 다녀올 수 있는 것은 아닐까?

우리의 의식에는 뚜렷이 다른 기능을 가진 두 부분이 있다. 이 두 가지의 의식을 구별하기 위해 예로부터 다양한 용어들이 사용되었다. 현재의식과 잠재의식, 주관적 마음과 객관적 마음, 에고ego와 셀프self, 생멸심(生滅心)과 진여심(眞如心) 등, 이 모든 개념들은 마음의 이중성, 곧 표층과 심층을 전제하고 있다.

심리학에서는 이를 의식과 무의식으로 구분하지만 〈무의식=의식이 없다〉는 오해의 여지가 있기에 여기서는 현재의식과 잠재의식으로 구분하여 설명하고자 한다.

〈현재의식〉은 매우 단순화하면 지금 우리가 하고 있는 〈생각〉이다. 이때 생각은 머릿속에서 언어로 존재하는 것뿐만이 아니라 우리가 팔다리를 움직이거나 마음이 뭉클해지는 등의 의도나 감정까지 포괄한다. 반면 〈잠재의식〉은 우리의 생각과 감정이 닿지 않는 깊은 영역의 의식이다. 이것은 우리의 심장 박동과 호흡, 체온 등을 조절하는 자율신경계까지도 관장한다. 만약 우리가 손가락을 베면 잠재의식은 우리가 모르는 사이 상처를 치유하는 복잡한 작용을 시작한다. 어떤 의미에서 잠재의식은 생명력 그 자체다.

우리의 현재의식은 시간의 한계에 부딪히지만, 잠재의식은 시간으로부터 자유롭다. 우리가 예지몽을 꾸거나 어떤 사건의 동시성(synchronicity, 서로 상이한 두 사건 사이에 의미 있는 우연한 일치가 발생하는 현상)을 감지할 때, 그것은 잠재의식의 작동에 기반한다. 운동선수들의 심상 훈련image training이나 많은 자기계발서에 등장하는 〈끌어당김의 법칙〉 역시 잠재의식의 작용이다. 잠재의식은 의식의 기저에서 복잡한 정보들을 취합함으로써 결과적으로 새로운 현실을 창조한다.

〈안에서와 같이 밖에서도〉라는 말처럼 모든 것은 두 번 창조

된다. 먼저 내면에서 창조되고 현실에서 구현된다. 삶이라는 객관적인 스크린 위에 비춰지는 이미지는 잠재의식에 각인된 이미지에 따라 나타난다. 그러므로 우리가 잠재의식에 무엇인가를 각인할 수 있다면 그것은 현실이 될 가능성이 높아진다. 이런 잠재의식의 비밀을 알고 활용하는 사람들은 〈과거를 기억하는 능력이 기억력이듯 미래를 기억하는 능력이 상상력〉임을 잘 알고 있다. 즉 우리가 잠재의식에 충분히 눈을 뜬다면 상상력은 없는 것을 임의로 창조하는 게 아니라 이미 일어난 미래를 〈기억해 내는〉 과정이 된다.

이때 가장 큰 장애물은 〈안 될 거야〉라는 믿음이다. 1950년에 의학계에서는 1마일(1,600미터)을 4분 안에 뛰는 건 불가능한 일이며, 그렇게 달리면 폐와 심장이 파열된다는 게 정설이었다. 그런데 1954년 영국 옥스퍼드 대학교의 의대생이자 육상 선수였던 로저 베니스터는 3분 59초 40으로 결승선을 끊으며 4분 장벽을 무너뜨렸다. 사람들은 이를 기적이라 칭송했는데 이 사건은 시작에 불과했다. 6주 후에 베니스터의 경쟁자였던 존 랜디가 3분 59초 07로 세계 신기록을 갈아 치웠고 이후 두 달 만에 10명의 선수가, 2년 후에는 300명이 넘는 선수들이 4분의 벽을 돌파했다. 거대한 장벽은 다름 아닌 심리적 장벽이었음이 명백해진 것이다.

로저 베니스터는 어떻게 처음 장벽을 허물 수 있었을까? 그는 심상 훈련을 적극적으로 활용했다. 매일 자신이 1마일을 4분 이내에 돌파하는 모습을 생생하게 그리며 계속해서 자기암시를 했다. 처음으로 4분 장벽을 돌파한 후 그는 이렇게 말했다. 〈나의 심폐 기능이 1마일을 4분 내에 주파하는 속도를 감당하지 못하는 것이 아니라, 그동안 나 자신이 1마일을 4분 내에 달릴 수 없다고 믿었던 것이다.〉

의식은 얇게 잠재의식은 깊게

깨어 있는 상태로 잠재의식에 접속하는 것은 매우 어려운 일이다. 잠재의식이 의식의 〈미지 영역〉이기 때문이다. 현재의식은 잠재의식을 깨달을 수 없다. 즉, 생각으로는 잠재의식에 도달할 수 없다. 오히려 반대로 해야 한다. 생각이 줄어들면 잠재의식은 저절로 드러난다. 구름이 걷히면 하늘이 드러나는 것과 같다. 구름이 하늘이 되는 것이 아니라 구름이 사라짐으로써 광활한 하늘이 드러난다.

9세기 중국의 덕산(德山)은 『금강경』에 통달한 스님이었다. 그는 선승이었던 용담(龍潭)을 찾아가 『금강경』을 강해했고 용담은 묵묵히 듣고만 있었다. 밤이 늦어 덕산이 쉬러 가려는데 밖이 너무 어두워 길을 찾을 수 없었다. 그는 등불을 청했고, 용담은 등불을 전해 주었다. 덕산이 받아들고 떠나려 하자 용담이 그를 불러 세운 후 등불을 훅 불어 꺼버렸다. 망연히 어둠 속에 서 있던 덕산은 그 순간 깨달음에 이른다. 왜 그랬을까? 촛불이 꺼지자 비로소 어둠 속에서 찬연한 별빛을 보게 된 것이다. 생각이라는 작은 촛불을 불어 끄지 않고서는 우주의 진리를 깨달을 수 없었던 것이다. 깨달음을 뜻하는 그리스어 알레테이야aletheia의 어원이 〈촛불을 끈다〉라는 것은 이런 맥락에서 이해할 수 있다. 현재의식을 꺼트리면 잠재의식이 별빛처럼 절로 드러난다.

명상은 현재의식을 잠재우는 것이다. 명상의 가장 흔한 형태가 호흡에 집중하는 것인데, 늘 현재 진행형인 호흡에 집중함으로써 생각은 확연히 줄어들게 된다. 생각이 줄어든 자리에는 잠재의식이 드러난다. 고요한 가운데 자신의 원하는 장면을 조용히 묵상함으로써 우리는 잠재의식에 씨앗을 심을 수 있다. 성공한 이들의 다수가 명상을 생활화한 것도 이와 무관하지 않다. 전 세계의 가장 성공한 경영자, 석학, 전문가, 아티스트들을 인터뷰한 책 『타이탄의 도구들』을 쓴 팀 페리스는 책의 인물들 중 대다수가 명상을 생활화했음을 밝힌 바 있다. 가장 간단한 명상법은 내가 바라는 최고의 장면을 한 문장, 한 장의 사진, 또는 짧은 영상으로 되뇌며 그 장면에 집중하는 것이다.

자신이 원하는 장면에 집중하는 명상을 할 때 유의할 점이 있다. 잠재의식에 억지로 주입하려는 〈의지〉로는 오히려 역효과만 난다는 것이다. 자기암시의 대가인 심리학자 에밀 쿠에는

〈의지와 상상이 다를 경우 반드시 상상이 이긴다〉고 말한다. 예컨대 마루 위에 놓인 좁다란 판자 위를 걸어가는 것은 어렵지 않다. 같은 판자가 지상 10미터의 높다란 건물 사이에 걸쳐져 있다면 어떨까? 많은 이들이 떨어지고 말 것이다. 왜냐하면 판자 위에서 비틀거리다가 땅 위로 곤두박질치는 자신을 〈상상〉할 것이기 때문이다. 의지는 상상을 이길 수 없다.

의지를 줄이고 상상을 활용하는 간단한 방법이 있다. 잠들기 직전과 깬 직후에 상상하는 것이다. 생각이 줄어드는 이 두 시점이 잠재의식의 감응력이 가장 좋다. 조셉 머피의 『잠재의식의 힘』을 비롯한 많은 고전들이 이 방법을 역설한다. 졸음이 오는 상태에 들어가면 우리의 현재의식(생각)은 대부분 가라앉게 된다. 이렇게 이완된 상태에서는 잠재의식이 최고로 노출되며, 잡념은 거의 존재하지 않는다. 이때 자장가를 부르듯 몇 번이고 최고의 장면을 반복해서 되뇌며 잠들면 된다. 잠자는 동안 잠재의식이 상상의 내용대로 내 마음을 미래에 맞게 조정하는 동시에 그 미래를 현실로 만들 아이디어도 찾아낸다.

이때 중요한 것은 감정이다. 스스로 그 장면에 감동할 수 있다면 더할 나위 없다. 잠재의식은 감동이 일어날 때 놀라운 힘을 발휘한다. 그 장면을 기뻐하고, 그 장면에 감사하며, 당신의 마음속에서 만들어진 마음의 영화 전체가 당연한 것이라고 느끼면서 잠이 든다. 상상이 이미 일어난 객관적인 현실인 것처

럼 느껴 보자. 거듭 되풀이하는 상상은, 그게 장면이든 문장이
든 결국은 하나의 씨앗이 된다. 대지에 뿌려진 이 한 알의 씨앗
은 싹이 터서 성장하고 꽃을 피우고 열매를 맺는다. 그리고 다
시 수십 개의 새로운 씨앗이 나온다.

상상력을 통해 미래로 가서 내 삶에서 펼쳐진 아름다운 장면
을 회고해 보라. 당신은 무엇으로 인디 워커가 되고 싶은가? 미
래에서 가장 행복했던 순간은 언제인가? 어둠에 잠겨 있는 미
래의 손을 잡고 밝은 현재로 데려오라. 당신의 방향성 안에서
상상을 통해 잠재의식을 움직인다면 머지않아 그 장면 속에 살
고 있는 자신과 마주하게 될 것이다.

에필로그

나는 누구이며 누가 될 것인가

어느 밤, 불안감에 잠을 뒤척였다. 나(승완)는 37살에 결혼해서 41살에 첫 아이가 태어났다. 내가 몇 살까지 일해야 할지 계산해 보니 오래 생각할 것도 없이 일흔 살 넘어서도 계속 일해야 한다는 결론에 이르렀다. 내게 〈50년 커리어〉는 피할 수 없는 현실이었다. 하지만 일흔 넘어서도 일하기 위해서 무엇을 준비해야 할지 막막했다. 주변 사람들에게 물어봐도 뚜렷한 답을 가진 사람은 없었다. 대부분 퇴사 후에도 일해야 한다는 사실은 알고 있었지만 준비는 거의 되어 있지 않았다.

수명은 100세를 향해 빠르게 늘어나고 있지만 실제 퇴직 연령은 높아지지 않고 있다. 의학의 발달로 과거 은퇴 나이였던 현재의 60세는 과거 40대 못지않은 건강과 지적 능력을 갖고 있지만, 그럼에도 50세면 회사를 떠나야 하는 게 현실이다. 다른 한편으로 4차 산업혁명과 코로나19 등의 변화로 불확실성은 점점 커지고 있다. 나를 비롯한 많은 이들이 어떻게 대응할지 갈피를 잡지 못하고 있다. 이 책은 이런 불안감에서 출발했다. 지난 몇 년간 박승오 작가와 함께 50년 커리어를 위해 무엇을 어떻게 준비해야 하는지 연구했다. 우리가 찾아낸 답이 인디 워커와 슬로 커리어다.

95세에 타계한 피터 드러커는 긴 인생만큼 많은 직업을 가졌다. 첫 직장이었던 무역상사 사무원에서부터 증권회사 직원, 신문기자, 경제 분석가, 경영 컨설턴트, 저술가, 교수까지 두루 거친 그는 이 모든 직업에서 놀라운 성취를 이뤄 냈다. 그 비결은 그가 자신을 계발하고 활용할 줄 알았다는 데 있다. 드러커는 새로운 직업을 시작할 때마다 스스로에게 물었다. 〈내가 이 직업에서 효과적인 사람이 되려면 무엇을 해야 하는가?〉 질문은 같아도 답은 매번 달랐다. 그는 언제나 스스로 답을 찾기 위해 노력했고, 그 답에 맞춰 자신의 사고와 행동 방식을 계발해 나갔다.

알고 보니 드러커는 일찍부터 인디 워커로서 슬로 커리어를 실천한 선각자였다. 당시만 해도 그는 예외적인 경우였지만, 오늘날 누구도 처음 들어간 직장을 마지막 직장으로 여기지 않는다. 첫 직업이 마지막 직업일 가능성도 제로에 가깝다. 20대 중반에 취업하고 몇 번의 이직을 거쳐 50대에 퇴직하는 전통적 커리어 모델은 끝났다. 이제 우리는 새로운 커리어 경로를 준비해야 한다. 나도 예외가 아니었다. 드러커의 질문을 내게도 던져 보았다. 〈내가 일흔 넘어서도 일하기 위해서 무엇을 준비해야 할까?〉

답은 자명했다. 이제는 일생 동안 여러 번 직업 전환을 해야 한다. 보다 구체적으로 말하면 10년을 기점으로 현재 직업을 다른 분야와 결합해서 전문성을 확장하거나, 지금과 전혀 다른 직업으로 옮겨갈 각오를 해야 한다. 이것이 바로 슬로 커리어다.

슬로 커리어는 단거리 경주가 아닌 긴 여정이다. 오래 멀리 가려면 다른 이의 속도가 아닌 자신의 속도로 가야 한다. 본인의 리듬과 스타일로 꾸준히 자신의 전문성을 쌓아 나가는 직업인이 인디 워커다. 인디 워커의 본질은 자립이며, 이는 전문성과 함께 자신을 재료로 제2, 제3의 직업을 만들어 낼 수 있는 능력을 말한다. 전문성과 직업 전환 능력은 아무도 대신해 주지 않기에 오롯이 스스로 키우고 실천해야 한다. 자기 탐색이 필요한 이유다. 그리고 탐색에는 질문이 필수적이다. 〈질문question〉 안에 〈탐색quest〉이 포함되어 있음에 주목하자. 나는 이 책에서 그대에게 여러 질문을 제시했다. 그대는 무엇에 살아있음을 느끼는가? 무엇을 잘할 수 있는가? 무엇을 위해 일하는가? 삶의 본질을 담고 있는 한 문장은 무엇인가? 등등. 이 질문들과 함께 진정한 나를 찾아가는 모험을 떠나 보라. 자기 안의 보물들을 재발견하고 재해석하고 재구성하는 놀라운 경험을 하게 될 것이다.

돌아보면 나는 제법 무난한 직장 생활을 한 것 같다. 출근하기 괴로울 정도로 하기 싫은 일을 맡은 적 없고, 상식 밖의 악질 상사를 만나지도 않았다. 승진에서 물먹은 적도, 월급이 밀린 적도 없었다. 번아웃되어 마지막 직장을 나왔지만 그건 무리한 책 작업으로 내가 자초한 것이었다. 한마디로 적당히 맞는 일을 하며 적당한 평가를 받고 적당한 보수를 받았다. 그런데 이 〈적당함〉이 나를 궁지로 몰아넣었다. 회사를 다니며 어려운 일에 도전한 적은 손에 꼽을 만큼 적었다. 대신에 실패할 가능성이 적은 〈적당〉한 수준에 안주했다. 덕분에 직장에서 큰 실패를 겪지 않았지만 크게 성장한 적도 없었다. 적당히 흘려보낸 시간은 언젠가 그 대가를 요구한다는 걸 그때는 미처 몰랐다.

회사를 나오고 나서야 스스로 설 수 있는 준비가 되어 있지 않다는 걸 절감했다. 그렇다. 나는 직업인이 아닌 직장인에 불과했다. 퇴사와 함께 쓸모없어진 명함처럼 그동안 쓰고 다니던 〈가면〉이 벗겨졌다. 라틴어로 가면을 페르소나persona라고 부르는데, 여기서 영단어 〈퍼슨person〉이 나왔다. 그만큼 페르소나는 중요하다. 쉽게 말해 페르소나는 사회적 역할이라 할 수 있는데, 인간은 이 세상에 내게 주어진 역할이 무엇인지 계속 묻고, 동시에 그 역할이 나랑 얼마나 잘 맞는지 끊임없이 고민하는 존재다. 직장과 직업은 여러 페르소나 중에서도 특별한 위치를 차지한다. 성인 이후에 여기에 쏟는 시간과 에너지가 어떤 역할보다 크기 때문이다.

나 또한 내게 잘 맞는 직업이 궁금했지만 정작 직장에서 일하면서는 그에 맞는 노력을 하지 않았다. 회사라는 무대에서 내려온 나는 초라했다. 내가 누구인지 흐릿해지고, 길을 잃은 듯했다. 20대 초반부터 〈나는 누구인가?〉 궁금했고 글을 쓰며 답을 찾았다고 여겼다. 그런데 회사를 나오자 내가 알던 답이 믿을 수 없는 거짓말이 되었다. 삶은 표류하기 시작했다. 약한 파도에도 요동치고, 방향을 상실하니 어떤 바람도 순풍이 아니었다. 적지 않은 나이였지만 과거는 평범하고 미래는 막막했다. 이 책의 초반에 소개한 〈네 갈래 길〉 우화를 알게 된 것도 이 무렵이었다. 이야기 속 주인공처럼 나 또한 무엇부터 해야 할지 갈피를 못 잡은 채 어떤 길도 선택하지 못하고 있었다.

방황하던 차에 문득 질문이 하나 떠올랐다. 〈죽을 때가 되었을 때 무엇이 가장 후회될까?〉 곰곰이 생각해 보니 다른 사람을 통해 주어진 역할에 안주한 채 나답게 살지 못했음을 가장 후회할 것 같았다. 철학자 파스칼은 〈자신이 누구인지 탐구하지 않고 살아간다는 것은 맹목적인 삶에 불과하며 자기 존재에 대한 철학이야말로 진정한 연구〉라고 말했고, 같은 맥락에서 스피노자는 〈삶의 유일한 목적은 자기 자신이 되는 것〉이라고 강조했다. 가면이 벗겨진 상태는 난감하면서도 〈있는 그대로의 나〉를 새롭게 성찰할 수 있는 기회이기도 했다. 〈나는 누구인가?〉는 여전히 중요한 질문이었는데, 여기에 또 하나의 질문이 포개졌다. 〈나는 누가 될 것인가?〉

인생에서 길을 잃고 한동안은 지금의 내가 아닌 다른 사람이 되고 싶은 적도 있었다. 하지만 나는 이제 내가 되고 싶다. 어느 누구도 아닌 나로서 살고 싶다. 그런데 가장 쉬우면서도 어려운 일이 나를 알고 내가 되는 일 같다. 언젠가 내 아이와 같이 보고 싶은 애니메이션 「쿵푸 팬더」는 이 점을 잘 보여 준다. 평범한 팬더 〈포〉는 우여곡절 끝에 세상에서 가장 강한 〈용의 전사〉가 될 수 있는 무술 비법을 담은 〈용 문서〉를 손에 넣는다. 잔뜩 기대하고 문서를 펼치는데 종이에는 아무 내용도 없다. 실망한 포는 당황하다가 문득 쿵푸를 좋아하는 본래 마음을 잊고 비법에 목매고 있는 자신을 알아차린다. 그리고 다시 펼쳐 본 문서는 그저 빈 종이가 아니라 번쩍이는 거울임을 깨닫는다. 자신을 있는 그대로 비추는 거울 종이였던 것이다. 우주 최강이 되기 위해 용이 될 필요는 없으며, 진정한 자신이 되라는 메시지였다. 포는 유연성이라는 장점과, 이제껏 약점이라 여겨 온 통통한 뱃살을 결합한 자신만의 무술로 최고가 된다.

지난 몇 년간의 탐색 과정은 지난했으나 내게 두 가지 소중한 선물을 선사했다. 삶의 방향성과 천직 발견. 뉴욕 양키스의 전설적 포수 요기 베라는 〈어디로 가고 있는지 모른다면 당신은 결국 가고 싶지 않은 곳으로 가게 된다〉고 말했다. 나는 〈심재, 성찰과 성장의 길〉이라는 방향을 따라 끝까지 가고 싶다. 자유(自由)는 자기(自己)의 이유(理由)의 줄임말이어서 자기의 이유를 가지고 있는 한 아무리 멀고 힘든 여정이라 하더라도 결코 좌절하지 않는다는 말을 믿는다.

마음속 스승으로 사숙하고 있는 조지프 캠벨은 자기 자신에게 〈블리스bliss〉를 솟아나게 하는 일을 하라고 조언한다. 블리스는 진정한 나로 존재할 수 있는 일을 할 때 느끼는 희열감인데 흔히 소명이나 천복(天福)이라 불리기도 한다. 스스로를 탐색하며 인물학이 나의 블리스임을 알게 되었다. 이왕 오랫동안 일해야 한다면 인물학을 바탕으로 가장 나답게 내 일을 만들어 가고 싶다. 앞으로 적어도 10년간은 〈인물학 전문가〉라는 천직과 함께 하루하루 나의 세계를 가꿔 나갈 것이다. 그리하여 내가 바라는 그 존재가 될 것이다. 그렇게 살고 싶다.

캠벨은 블리스를 따를 때 삶은 더 이상 미로가 아닌 미궁이 된다고 말했다. 미로는 중심 없이 수많은 길이 어지럽게 얽혀 있는데 반해, 모든 미궁은 중심을 간직하고 있으며 그 안의 모든 길은 중심으로 이어진다. 그리고 블리스는 늘 중심을 향한다. 그래서 블리스를 따르는 삶은 내 안의 중심, 즉 진정한 나에 이르는 여정이다. 이 길에서는 성공이나 실패보다 그 과정의 충실함이 가장 중요하다. 그것이 곧 자기다움이기 때문이다. 더욱이 내게는 믿을 수 있는 〈아라아드네의 실타래〉도 있다. 좋은 도반 박승오 작가와 함께 쓴 바로 이 책이다.

오래전부터 책을 쓸 때마다 이 책을 꼭 읽었으면 하는 독자 한 명을 마음에 품고 글을 써왔다. 이 책을 쓸 때도 한 명의 독자를 정해 두었다. 올해로 15년차 직장인인 아내다. 앞으로 새로운 커리어를 모색하게 될 아내에게 유용한 책이라면 다른 사람들에게도 도움이 될 것 같았다. 그런데 책 작업을 하며 아내와 대화를 나누다 보니 아내는 이미 인디 워커를 목표로 회사에서 슬로 커리어의 길을 다져 나가고 있었다. 늘 같이 있어서 잘 안다고 여겼는데 그렇지 않았다. 도리어 아내에게 배울 점이 많아서 원고를 쓰면서 여러 도움을 받았다. 다행히 아내를 대신할 새로운 독자를 금세 찾아낼 수 있었다. 바로 나 자신이다. 이상하게 들릴지도 모르지만 나는 〈나를 위한 책〉을 쓴 것 같다.

이 책이 나오면 잘 보이는 곳에 둘 생각이다. 곁에 두고 수시로 펼쳐 보면서 스스로에게 계속 물을 것이다. 〈나는 자기다워지는 길을 충실히 걷고 있는가?〉 그대에게도 이 책이 인디 워커로 가는 좋은 길잡이가 되면 좋겠다. 책을 읽고 자기 세계를 만들어 나가는 모험을 떠난다면 그보다 더 큰 기쁨은 없을 것 같다. 어느 좋은 날 슬로 커리어의 여정에서 인사 나눌 수 있기를 진심으로 바란다.

2021년 투명한 겨울날, 홍승완

지은이

박승오 14년간 직장인이었다. 승진에 연연하기보다 실력을 쌓는데 집중해서 직장을 다니며 6권의 책을 썼다. 2018년 컨텐츠랩 클루Qlue를 창업하여 독립했다. 회사에서 자립적으로 일했기에 가능한 일이었다. 현재는 커리어 코치로 활동하며 직장인들이 인디 워커로 성장할 수 있도록 돕고 있다.

그는 원래 과학고와 KAIST에서 공부한 공학도였다. 대학 시절 무리해서 공부하다가 실명(失明)했던 경험을 계기로 교육 분야로 진로를 바꿨다. LG전자, 마이다스아이티, 카네기연구소 등에서 교육 전문가로 일했으며, 저서로 『위대한 멈춤』, 『나는 무엇을 잘할 수 있는가』, 『지금, 꿈이 없어도 괜찮아』 등이 있다. 현재 유튜브 〈인디 워커〉 채널을 운영 중이다. directant@gmail.com

홍승완 삶에서 두 번의 전환기를 거쳤다. 대학 시절 경제적으로 파탄 난 집안 사정을 계기로 자기계발을 위해 스스로 〈개인 대학〉을 만들어 4년간 독학한 뒤, 원하던 경영컨설팅사와 HRD 전문기업에 들어가 다양한 교육 프로그램을 개발했다. 2009년 34세에 회사를 그만두고 1인 기업가로 새로운 인생을 시작했다. 10년 넘게 인디 워커로서 여러 기업과 다양한 교육 프로젝트를 협업하고, MBTI와 STRONG 커리어 전문가로서 많은 직장인을 코칭했다. 현재 인물학 전문가Human Explorer로 컨텐츠랩 심재(心齋)를 운영하며 〈인물학〉을 독서와 글쓰기, 창의성과 심층 심리학 등의 주제에 접목한 차별적 콘텐츠를 만들어 사람들과 나누고 있다. 저서로 『위대한 멈춤』, 『내 인생의 첫 책 쓰기』, 『아름다운 혁명, 공익 비즈니스』 등이 있다. kmc2123@daum.net

---

인디 워커, 이제 나를 위해 일합니다

발행일	2021년 1월 30일 초판 1쇄
	2023년 8월 25일 초판 4쇄

지은이	박승오·홍승완
발행인	홍예빈·홍유진
발행처	주식회사 열린책들

경기도 파주시 문발로 253 파주출판도시
전화 031-955-4000 팩스 031-955-4004
www.openbooks.co.kr